동물주의 선언

Manifeste Animaliste

MANIFESTE ANIMALISTE

by Corine Pelluchon

© Alma Éditeur, Paris, 2017
Korean translation copyright © Book Factory DUBULU, 2019

인간과 동물이 공존하는 사회로 가기 위한 철학적·실천적 지침서

동물주의 선언

Manifeste Animaliste

차례

3부
동물권리 실현을 위한 구체적 제안

그동안 쌓였던 어려움이 드러나는 지금, 잘 대처해야 합니다. 우리의 입장이 새로운 것처럼 새로운 생각과 행동이 필요합니다. (중략) 시민 여러분, 우리는 역사를 피할 수 없습니다. (중략) 우리가 따라야 할 길은 분명하고 평화로우며 관대하고 정당합니다.

- 에이브러햄 링컨, 1862년 12월 1일, 노예제 문제에 관한 대의회 교서*

---

* 미국 대통령이 정치, 행정 등에 관한 의견을 적어 국회에 보내는 문서._편집자 주

1부

동물학대와 동물권 운동의 현주소

동물
학대의
쟁점

　인간과 동물의 관계는 인간이 어떤 존재인지를 반영하는 거울과 같다. 거울은 감정이 있는 다른 존재를 착취하며 죄를 짓는 인간의 잔혹함과 영혼을 잃어가는 인류의 희미해진 얼굴을 함께 비춘다.

　인간은 무수히 많은 토끼, 닭, 오리, 돼지, 여우, 담비, 원숭이, 개, 고양이를 고기나 모피를 얻기 위해 사육하고 실험동물로 사용한다. 동물 쇼나 서커스에서는 고래류 동물과 코끼리, 맹수들이 보잘것없는 먹이를 얻기 위해서, 호된 채찍질을 피하기 위해서 자유를 빼앗긴 채 쇼를 강요당한다. 부끄러운 인류를 보여 주는 자화상과도 같다. 어떤 표현과 설명으로도 이 끝없는 슬픔을 재현해 낼 수 없다. 프랑스에서는 매년 거의 10만 마리

동물주의 선언

의 반려동물이 버려지고, 동물 보호소는 가득 차 넘치며, 지구의 허파이며 오랑우탄의 안식처인 숲은 팜유를 생산하기 위해 불태워지고, 바다에서는 물고기가 처참히 죽어 가며, 투우 경기장에서는 황소가 잔인하게 고문당하고, 도살장에서는 수도 없이 많은 동물들, 갓 태어난 어린 양과 염소, 송아지들마저 끔찍한 공포 속에서 죽어 간다. 모든 곳에 불행과 불의가 넘친다.

살아 있는 생명을 사용할 때는 넘어서는 안 되는 한계를 정하는 것이 중요하다. 하지만 이윤 논리가 개입되면 올바른 판단은 쉽지 않다. 인간과 동물, 노동의 질과 환경은 이윤의 지배에 종속된다. 끊임없이 원가 절감을 요구하는 세계화된 시장경제의 논리는 강력하다.

오늘날 모피산업, 가죽산업, 수산업, 축산업, 취미와 여가 산업, 화장품과 제약 산업의 현장에서 동물에게 가해지는 폭력은 우리가 자본주의라고 부르는 체제에 심각한 문제가 있음을 보여 준다. 자본주의 개념은 자본가와 노동자의 대립 이데올로기로만 축소되어서는 안 된다. 이 같은 축소론은 정치적 차이를 넘어서 전략적 운동의 형태를 보이는 동물권익 옹호의 보편적 대의를 간과하게 한다. 실제로 여성의 예속화에 대한 저항과 노예제 폐지를 위한 투쟁처럼 모든 착취에 대항하는 투쟁은 동물을 위한 싸움과 함께한다. 또한, 동물학대는 그동안 우리 사회가 감춰 온 여러 문제를 드러낸다.

우리가 왜 이런 극단적 상황에 도달했는지 이해하고 새로운 모델로 전환하려면 인간이 동물과 맺고 있는 관계의 쟁점을 파악해야 한다. 이는 인류의 사회·정치·정신적 재건의 기회가 될 것이다. 또한, 다른 생명에 대한 무한 착취에 기반을 두고 건설된 이 시스템, 이미 상당한 대가를 치르면서도 견고함을 유지하고 있는 현 지배체제를 설명하려면 인류학적·경제적·정치적 모든 요소를 동시에 연관지을 필요가 있다.

인간은 동물을 존중하지 않고 사물처럼 취급하며 그들의 고통, 고통스런 삶을 무심하게 받아들인다. 이런 전횡은 세상을 보존하고 관리해야 할 의무와 세상을 지배할 권리를 혼동하는 것이 아닌 이상, 어떤 종교적 교리로도 정당화할 수 없다. 인간은 압제를 저지르고 연민의 목소리를 틀어막으면서 인간 본연의 모습을 잃어가고 있다. 이렇게, 느낄 줄 알고 감정이 있는 존재에게 고통을 주는 폭력에 대한 혐오는 자취를 감춘다.

나와 타자를 구별하지 않고 즉각적으로 동일시하는 연민은 타자를 외형에 따라 종, 종류, 공동체로 분류하지 않고 다 같은 생명체로 인식한다. 연민은 도덕도 아니고 정의도 아니지만 도덕과 정의의 조건이기는 하다. 도덕은 나의 책임을 다한다는 사실을 전제로 한다. 도덕은 선택과 결정을 동반한다. 정의도 마찬가지이다. 그런데 원칙에 준거한 정의는 내가 직접 만나지 않은 사람, 나와 같은 시민, 나와 정치적 공간을 공유하는 사람, 이 모든 사람들과 관련되어 있다. 정의는 감정의 영역이 아니라 합리성의 영역이다. 정의가 실제적인 효력을 갖추려면 법에 의해 제도화되고 뒷받침되어야 한다. 하지만 연민 없는 도덕과 정의가 무슨 의미가 있을까?

어떤 특정한 존재에게만 자비로울 때 도덕이 의미가 있을까? 착취에 기반한 체제를 정당화하고 제도화된 동물학대에 익숙한 우리가 정의에 대해 말할 자격이 있을까? 착한 사마리아인의 비유에서는 나와 비슷한 이웃뿐 아니라 모든 이의 평안을 기원하라고 하면서 막상 끔찍한 고통을 겪고 있는 다른 생명체의 신음에 귀를 틀어막는 것은 편협하고 배타적인 도덕을 확고히 하는 일과 다르지 않다.

동물이 인간과 다를 바 없이 느낄 줄 아는 존재임에도 불구하고 그들이 처한 삶에 무관심한 것은 이른바 인간적인 것과는 거리가 먼 행동이다. 고통, 아픔, 괴로움, 공포, 지루함, 즐거움, 기쁨 등, 저마다의 독특한 방식으로 느끼는 능력이라고 정의되었던 감성은 제러미 벤담J. Bentham 이후 '감수성sentience[*]'으로 불리고 있다. 감수성은 능력뿐 아니라, 할 수 있음이라는 힘에 내포되어 있는 수동성과 무능에도 주목한다. 배고픔이나 피곤함, 죽을 수

[*]   느끼고 감동하다라는 뜻의 라틴어 'sentiens'에서 온 이 단어는 한 존재가 여러 경험을 할 줄 알고 괴로움, 즐거움, 아픔을 주체적으로 느낄 줄 아는 능력을 말한다. 외부 자극을 받아들이고 느낄 수 있는 감수성感受性을 지닌 존재는 개별 존재로서 고유한 삶의 기록과 선호가 있으며, 단지 생존이나 개별 존재가 속한 전체 종과 관련된 이해뿐 아니라 다른 관심과 이해를 가진다. 이러한 존재는 개별적 일인칭 주체로서 각자의 삶을 살아간다.

밖에 없는 존재라는 생명의 연약함도 포괄한다. 생명체의 취약
성은 곧 동물의 '행위성$_{agentivité}$[*]'을 반영한다. 동물은 모두 기본
적인 필요를 표현할 줄 알고 개별적 역사를 지니며 그로부터 형
성된 각자의 좋고 싫음의 기호를 지니고 있고 이를 표현할 줄
안다. 동물은 인간의 관점에서 단순히 보호의 대상이 아니라 주
체적으로 원하는 것을 표현하는, 의식을 가진 '도덕적 주체$_{sujets}$
$_{moraux}$[**]'이다. 이를 법이 고려해야 한다.

동물의 고통을 용의주도하게 은폐하고 일상적으로 벌어지
는 동물의 고통을 최대한 외면하다가 고통의 일부가 드러날 때
만 간혹 그들에 대해서 생각하는 것은 사실상 우리가 악에 동참
하고 있음을 알면서도 방치하는 것이다. 예를 들어, 평범한 건
물 안에서 벌어지는 동물학대 영상에 충격을 받아서 잠시 생각
했다가 금방 아무 일도 없었던 듯이 다시 무심하게 살아가거나,
어차피 동물에 대한 일상적 학살을 멈추는 일은 불가능하다는

---

[*]　행위성$_{agency}$은 개별적인 선호와 관심을 표현할 수 있음을 말한다. 비록 그들이
행동의 결과에 대한 책임을 물을 수 있는 인간도 아니고 집합적 결정을 위한 토론에
직접적으로 참여할 수 있는 의결권자도 아니지만, 행위성을 지닌 동물은 도덕적 행
위의 주체이다.

[**]　철학에서 도덕은 상용하는 도덕 개념 이외에 정신 영역, 즉 영혼, 의식, 심리적
인 것을 포괄할 수 있다. 또한 물질, 재료에 대항되는 개념으로 정신, 지식, 생각, 영
적인 것을 포괄할 수 있다. 여기서는 보호의 대상일 뿐 아니라 고유한 주체성을 가
진 존재에 방점이 있다. 따라서 '도덕적 주체'라고 하면 이 모든 뜻을 포괄한다._옮긴
이 주

　　　　　　　　　　　　　　　동물주의 선언

핑계로 아무것도 보지 않은 것처럼 일상으로 돌아가는 일이 그렇다. 악한 일이 벌어지려면 직접적이든 간접적이든 동조가 필요하다. 동물을 무한정 착취하는 체제는 경제 관계자들은 물론 이 같은 상품을 소비해 이에 동조하는 공모자들이 있기 때문에 유지가 가능하다. 이에 더해 사회적 방관이 이 체제를 키운다. 대다수 시민은 동물의 적이 아니라, 동물 착취를 못 본 척 방관함으로써 자신의 도덕성과 정신적 삶에 방어의 울타리를 칠 수 있는 개인들이기 때문이다.

인간은 동물이 '감수성'을 지녔음을 알면서도 동물을 도덕적으로 배려하지 않는 행위를 반복함으로써 자신의 섬세함을 억압하는 법을 배운다. 자신과 인종, 종교, 국적, 젠더 등이 다른, 즉 자신과 비슷하지 않다고 간주하는 사람을 배려하지 않고 냉정해진다. 어린 시절에는 거꾸로 매달린 채 피를 흘리는 닭을 보고 난 후에 닭을 먹지 못했던 소녀와 소년, 혹은 출산 직후 새끼를 빼앗긴 어미 소의 젖을 차마 마시지 못했던 그들은 성장할수록 자신의 섬세함을 잃어가도록 학습되며, 그들의 노동과 투표권이 동물에 대한 동정이라고는 없는 착취하는 체제에 사용되는 일을 방관하는 어른이 된다. 동물 착취를 일삼는 연민 없고 가차 없는 이 체제가 다수의 이익을 위한 것이라는 경제 제일주의의 주장과는 반대로 이 체제는 사실 극소수의 사람들에게만 이롭다.

결국 인간,
우리 자신과의
전쟁

　현재 인간과 동물의 관계는 우리에게 우리와 다른 존재를 받
아들이는 능력이 심각한 수준으로 결여되어 있을지도 모른다는
의문을 갖게 한다. 즉, 동물과 인간이 맺고 있는 관계는 우리가
타자를 받아들이는 것에 어려움을 겪고 있음을 보여 준다. 동물
에 대한 착취의 실상은 전쟁에 비견해도 될 정도로 심각한데 이
는 동물을 상대로 한 전쟁일 뿐 아니라 인간을 상대로 한, 인간
사이의 전쟁, 우리 자신의 전쟁이기도 하다. 이러한 이유로 동
물 문제는 현재 매우 중요하며 앞으로도 그러할 것이다. 무엇보
다 동물이 고통받고 있기에 중대하고 시급하다. 동시에 우리가
동물에게 자행하는 폭력이 우리보다 열등하다고 판단한 존재
혹은 단순히 우리와 다르다고 판단한 존재에 대한 경멸을 보여

　　　　　　　　　　　　　　　　　　　　　동물주의 선언

주기 때문에 중대하다.

우리가 현재 일상적으로 확인할 수 있는 동물의 생명과 삶에 대한 유례 없는 구속과 착취는 인간이 지닌 연민에 닥친 시련이다. 너무나 끔찍해서 설마 이것이 일상적으로 벌어지는 일이라고는 믿기 힘들 정도의 폭력이 동물에게 매일 자행되는 현실을 받아들이려면 연민을 억압해야 한다. 동물과 인간은 둘 다 죽을 수밖에 없는 존재라는 인식, 동물도 우리와 다르지 않은 피와 살로 만들어진 연약한 생명이라는 인식, 이러한 인식에서 비롯된 연민을 억누르지 않고서는 현실을 수용하는 일은 불가능하다. 자크 데리다Jacques Derrida가 《나 자신인 동물 L'animal que donc je suis》에 쓴 것처럼 우리는 모두 "연민의 전쟁"을 치르고 있다. 우리가 이 현실을 받아들이든 아니든, 혹은 생명 존중을 위한 싸움을 삶의 중심에 두기로 결정을 했든 아니든, 마치 동물의 고통이 우리와 아무 상관 없는 듯 행동하든 아니든 우리는 이미 전쟁을 치르고 있다.

연민이 없는 정의로움은 가능한가? 이 전쟁은 정의에서 연민이 차지하는 위치와 현대사회에 존재하는 모든 폭력 사이의 상관관계에 대해 질문을 던진다. 모든 폭력은 극단적이며 우리가 부인하거나 알지 못하는 모든 존재를 표적으로 삼는다. 무뎌지고 냉정한 마음이 우리와 동물의 관계를 지배관계로 변형시키고, 이러한 조건에서 폭력이 존재한다. 우리는 악에 물들기 쉽다. 산업화된 서구 사회에서는 제도화된 악을 쉽게 받아들이고,

서구 세계에 맞서는 테러리즘에 동요되기 쉬우며, 개개인은 고착 상태에 있다. 자신에 대한 인식은 오직 자신과 과도한 자유, 통제에 관한 집착뿐이다. 타인을 향한 열림, 타인에 대한 화답과 타자성의 수용으로써의 책임감, 변질의 가능성, 유한성과 수동성의 포용으로써의 책임감은 불가능하다. 이러한 상황에서 동물은 인간의 자기중심적 난폭함의 표적이 되어 희생되고 있다.

　동물에 대한 폭력을 국가가 합법화하고 대다수의 광고와 문화가 정당화하는 현실은 우리 문명의 폭력성을 보여 준다. 제2차 세계대전 이후 나타난 '공장식 축산élevage intensif *'과 산업화된 농업의 출현, 1990년대에 들어 정치적 유토피아가 사라진 이후 단 하나의 가능한 사상이 되어 버린 경제 제일주의가 출현한 이후, 문명은 한 개인이 자신의 보존과 번영을 위해 모든 것을 사용하고 착취하는 데 있어 법적 권리의 한계를 정해 줄 만한 지표를 찾지 못하고 있다. 이상향에 대한 상실, 타자(인간이든 아니든)와 연결되어 있음을 느끼지 못하는 내면의 공허야말로 지배하려는 욕구와 강렬한 물욕의 기원이다. 이러니 현재의 인류가

---

*　　산업화된 나라에서, 특히 제2차 세계대전 이후 두드러지게 나타난 공장식 축산의 목적은 동물의 밀집도를 높이고 주변 환경의 조건에 구애받지 않으면서 생산량을 증대시키는 것이다. 동물의 기본적인 요구와 고유한 행동적 특성, 예를 들어 돼지가 땅을 파고 뒤지는 것이나, 닭이 날개를 펼치는 것 등이 무시된 채 많은 동물이 집적된다. 집단 수용 축산으로 분류되는 공장식 축산은, 중소 규모의 축산에서 동물 개별 종의 요구를 가능한 한 제공하는 방목형 축산élevage extensif과는 구별된다. 프랑스에서는 80퍼센트의 축산이 공장식 축산이다.

　　　　　　　　　　　　　　　　동물주의 선언

수천 년 동안 활용해 온 동물을 전혀 존중하지 않고, 함부로 죽이거나 가두고 끔찍하게 대하는 것은 놀랄 일도 아니다.

따라서 인간과 동물의 관계는 인간과 인간의 관계를 반영한다. 동물학대는 대개의 경우 사람을 향한 폭력의 징후, 특히 가장 약한 사람, 즉 옛날에 노예라 불리던 사람들, 어린이, 여성, 장애인, 수감자를 향한 폭력의 징후이다. 우리가 오늘날 동물에게 자행하는 일을 이해하려면 단지 악을 고발하거나 악의 징후를 관리하는 일에 그쳐서는 안 되며, 근원에 주목해야 한다. 그 근원은 동물의 문제를 넘어서 우리가 다른 사람, 다른 국가와 맺고 있는 관계 또한 포괄한다. 나아가, 인간의 조건을 생각하는 방식, 인간의 유한성과 연약함을 받아들이는 방식과도 연관된다.

인간이 인간과 화합하고 동물에게 더 정당한 사회로의 변화를 촉구하려면 인간의 조건, 자유의 의미, 다른 살아 있는 존재에 대한 인간의 책임을 일깨우는 정치 이론과 인류학 이론이 필요하다. 사회가 보편적으로 받아들이고 문화적 측면에도 적용이 가능하려면 반론의 여지가 없는 근본적 사실에 기반을 두고 있어야 한다. 근본적 사실은 몸의 물질성, 음식, 물, 공기와 공간에 대한 필요성 그리고 피곤함, 고통, 죽음에 이르는 생명의 연약함과 연결되어 있다. 동물학대 문제를 인식하는 것은 우리가 행하는 악행을 객관적으로 가늠해 보는 일이며, 이론·실천적, 개인·집합적 수준에서 지속 가능한 미래가 있는 사회로 향하는 길을 개척한다는 의미이다.

인간은 인간을 상대로 전쟁 중이다. 인간에 의한 인간의 지배와 착취, 인간의 다른 생명체와 자연에 대한 지배와 착취, 어떤 국가에 대한 다른 국가의 지배와 착취에서 인간과 문명이 악의 피해자인 동시에 도구라는 사실을 알 수 있다. 모든 사유와 상상력, 현재와 다른 사회 모델로 변환하기를 바라는 모든 행동은 우리들 마음에 은밀히 존재하는 악에 대한 승리가 될 것이다.

동물의 권익 옹호에 대한 관심이 목표를 만들어 나간다. 어떤 사람에게는 동물에 대한 걱정은 중요하지 않은 주변적 문제일 뿐이다. 하지만 동물 문제는 인간 존재의 모든 차원과 영역에 관련된 매우 중요한 문제이므로, 이를 해결하기 위해 삶을 헌신하는 것은 당연하다고 할 수 있다. 우리 모두는 각자 무언가를 할 수 있지만, 삶 전체를 바꾸는 결정을 하게 되는 첫 번째 단계는 고통스러울 것이다. 하지만 경악할 수밖에 없는 동물의 현실과 마주하는 아픔은 각성을 위해서 피할 수 없는 과정이다.

고통을 딛고
관대함의
실천으로

　동물의 고통에 대한 각성과 인식의 경험은 한 사람의 삶을 결정적으로 변환시키는 사건이 되기도 한다. 사건의 계기와 맥락은 각자 다르지만 짚고 넘어갈 만한 공통점이 있다.

　현실을 정면으로 마주하기로 하면, 온전히 파악하기 어려울 정도로 만연하고 광범위한 동물의 고통과 희생을 인식하게 된다. 매 순간, 세계 곳곳에서, 인간과 같은 감수성을 지닌 다른 존재에게 인간이 자행하는 일을 깨닫는 순간 경악하지 않을 수 없다. 진실을 이시한 그 순간부터 숨시는 것이 고통스러워진다. 침묵이 주변을 감싸고, 고독, 수치심, 앞으로는 전과 같이 살 수 없다는 확신이 들게 된다.

　음식부터 시작해서 옷 등 일상적인 소비 습관에 변화가 생길 수밖에 없다. 인간에게 우유를 제공하며 행복해 보이는 젖소, 불이 붙은 원을 즐겁게 통과하는 서커스의 호랑이, 염소 성분이 가득한 감옥이라 할 수 있는 수조에서 만족하면서 사는 것처럼 보이는 돌고래가 등장하는 광고가 거짓말이라는 것을 알게 된다. 서커스나 수족관 등의 광고는 동물을 좋아하는 대중을 거짓된 이미지로 현혹하고, 대중은 동물이 얼마나 극심한 고통에 시달리는지 알지 못한 채 이런 동물을 보고 즐기기 위해 돈을 낸다. 인식의 변화가 시작되면 샌드위치 속의 얇은 햄 조각만 봐도 공장식 축산의 도구나 돈벌이로 취급되는 존재가 떠오르며, 감수성을 지닌 존재들이 폐쇄된 건물 안의 비좁은 공간에서 새끼를 낳고 억지로 몸을 불려 고기가 되는 모습이 떠오른다. 평생 임신과 출산만 반복하는 암퇘지, 식탁 위 고기가 되도록 길러지는 돼지, 달걀만 낳는 닭, 우유를 생산하는 젖소 등 공장식 축산의 과정에서 동물은 오직 하나의 기능만 수행하도록 강요받는다. 인간은 이 과정을 전문화, 분업화라고 표현한다. 작은 치즈 조각, 소시지 한 조각은 긴 운송 시간, 도살장의 복도에서 끔찍한 공포 속에서 죽음을 기다리다가 극심한 고통 속에 죽어 가는 그들의 죽음을 떠올리게 한다. 끔찍한 죽음의 고통을 피하기 위해서 도살하기 전에 동물의 의식을 잃게 하는 규정이 있는데도 제대로 지켜지지 않는다. 도살 장비가 노후해서 동물은 선명한 의식을 유지한 채로 목이 잘려 고통스럽게 죽어 간다.

동물의 고통에 대해 눈 뜨는 것은 악몽에 던져진 것과 같다. 이때 중요한 것은 고통을 마주하고 불편함을 피하지 않고 살아가면서도 분노에 갇힌 채 있지 않는 것이다. 그러면서도 동물의 고통을 외면하는 사람들을 모욕하거나 독선적 태도로 비난하지 않는 것이어야 한다. 이런 행동은 역효과를 부르고 역효과의 대가는 동물이 치르기 때문이다. 비난하는 것으로는 어떤 지원도 얻을 수 없고 오히려 동물보호의 삶을 실천하고 있지 못하지만 동물에 대해 온정적이며 동물보호론자의 주장이 옳다고 생각하는 사람들의 지지까지 잃게 될 수 있다. 독선적인 선은 자만심의 가면과 같다. 독선적인 선은 타자의 부도덕이나 결함에 비추어 자신의 도덕성이나 완전무결함을 확인하려는 사람들이 잘 넘어가는 유혹이다. 이런 사람은 자신의 기준에 못 미치는 대상을 뭉개 버리려는 욕구가 있기 때문에, 자신의 음울한 열정을 배출할 출구로 동물 문제를 선택한다.

동물의 고통을 몸과 마음으로 느끼게 되면 시간이 흐를수록 생생해지는 아픔을 겪게 되고 아물지 않을 상처로 남게 된다. 과거 상처의 기억이 동물의 고통을 더 예민하게 느끼도록 하거나 혹은 동물의 고통을 느끼면서 오래된 상처를 다시 떠올릴 수도 있다. 생각할 틈도 없이 바쁘게 살아가는 세계에서, 태어난 순간부터 동물을 착취하는 것은 반드시 필요하고 고통을 주지 않는 일이라고 교육하는 세계에서, 마음의 상처나 병 때문에 세계로부터 격리되거나 모욕적인 경험 때문에 모든 사회적 지위를 박탈당한 채 약자로 전락해 본 경험이 없는 사람은 동물의 고통에 예민해지기가 쉽지 않다. 동물의 고통에 공감하는 예민함은 타자에 대한 공감과 이해의 조건이다. 각자의 일에 전전긍긍하고 메마른 일상에 짓눌린 사람들은 사고력과 감탄하고 분노하는 능력마저 잃어 간다. 이런 상황에서 동물의 고통에 공감하는 예민함을 유지하고, 타자의 존재를 자신의 메마른 일상에 수용하는 것은 어려운 일이다.

몸과 마음으로 동물이 느끼는 두려움과 공포에 귀 기울이기 위해, 찢겨지는 몸과 도살당하는 몸을 느끼기 위해, 그 끝없는 절망을 느끼기 위해, 위협적인 도구와 기계로 중무장한 인간 앞에서 어떤 방어할 도구도 없이 연약하게 내맡겨진 동물처럼, 우리 또한 어떠한 방어도 무장도 없이 그들을 마주해야 한다. 이런 시도를 통해서야 동물의 고통을 은폐하는 기술이 나날이 발전하는 세계에 살고 있는 우리가 비로소 동물의 고통을 감지할 수 있을 것이다.

무엇보다 중요한 것은 이를 통해 무언가 행동을 취하는 것이다. 모든 고통의 원인인 폭력에 감염되거나 무감각해지지 않고 고통을 품고 견딜 수 있을 만큼 충분히 강해져야 한다. 우리는 고통당하기를 받아들이고, 이를 이해하며, 악을 바로잡으려 노력하면서 강해진다. 이렇게 우리는 더 깊은 이해, 스스로와 타자에 대해 명석하면서도 자비로운 통찰에 접근할 수 있고 모두의 이익을 존중하는, 지금과는 다른 사회로 변환하기 위한 열쇠를 찾을 수 있다.

자신의 이러한 변화가 폭력적인 현실에 여전히 눈감고 살아가는 다른 사람들에 대한 경멸로 이어져서는 안 된다. 플라톤은 동굴에서 해방되어 진리를 향한 좁고 험한 길을 올라갔다가 갇혀 있는 예전의 동료들 곁으로 다시 내려와 자신이 본 것에 대해 증언하는 수감자에 대해서 말한다. 이처럼 동물의 처참한 삶과 끔찍한 고통에 대해 각성한 사람들은 자신들 또한 이전에는 동물의 고통을 보지 못했었다는 사실을 기억해야 한다. 오랫동안 그들 역시 '종차별주의spécisme'에 무의식적으로 함몰되어 동물 착취를 정당화하면서 살아왔다. 많은 경우에 그들 역시, 동물 문제를 먼저 지각한 다른 사람, 동물보호단체, 책, 신문기사를 통해 무지와 환상에서 해방되어 진실을 직시하고 동물 착취의 진실에 눈을 뜨는 계기를 맞았을 것이다. 플라톤의 관념 세계와 달리 여기서의 진실은 악의 폭로이다.

플라톤의《국가La République》에 따르면 비록 사람들이 그의 말을 믿지 않을 것이 뻔하고 그 때문에 목숨이 위태로워지더라도 철학자는 동굴로 다시 내려가야 할 의무가 있다. 마찬가지로 동물이 끔찍한 고문을 당하는 세상을 정면으로 마주할 용기가 있는 사람은 각자 처지에 맞게 그 세상을 개선하기 위해 일할 의무를 느낀다. 나아가 동물의 운명과 상관없다고 느끼거나 동물의 운명을 개선하기 위해 아무것도 하지 않는 사람들을 설득할 의무도 느끼게 된다.

동물이 시달리고 있는 고통에 함께 아파하지 않고 동물의 고통을 가늠하는 일은 불가능하다. 동물의 삶은 지옥이고 이 지옥은 인류의 작품이며 인류가 저지를 수 있는 온갖 악행을 보여주고 있다. 동물이 감내해야 하는 고통에 눈을 뜬 사람들은 동물을 위한 정의의 실현이 그들 삶의 중요한 목표가 된다. 처음에 느낀 혐오나 두려움에도 불구하고 정치에 참여하고 정치 행동으로 이어진다. 동물의 권익을 옹호하는 일은 힘들다. 학대당하는 동물에게, 동물의 고통에 아파하는 사람에게 휴일은 없다. 하지만 동물의 권익을 옹호하는 일은 덜 폭력적이고 보다 정의로운, 더 나은 세상을 꿈꾸는 자비로운 명분이다. 동물에게 자행되는 폭력과 인간에게 행사되는 폭력, 생명체에 대한 무한 착취와 인간에 대한 인간의 착취, 강대국의 약소국에 대한 착취사이의 연관성을 인식하는 일은 인류 역사에 인간과 동물이 공존하는 세상을 위한 동물정치를 포함시키면서 그 길에 동참하게 한다.

종차별주의와 종차별반대주의

4

성차별주의나 인종차별주의에 반대하는 운동처럼 차별에 반대하여 싸우는 다양한 운동과 동물의 권익을 위한 운동을 연계하는 일은 빈번하게 이루어지고, 이러한 연계성은 1971년 '종차별주의'라는 말을 탄생시켰다. 이 개념은 종에 근거한 차별과 인간의 목적을 위한 수단으로만 사용되는 '인간 아닌 존재들'에 대한 무관심을 지칭하는 것으로, 동물에게 행해지는 폭력이 편견에 근거한 부당한 행위라는 것을 암시한다.

'종차별반대주의antispécisme [*]'는 인간의 권익과 인간이 아닌 존

---

[*] 종차별반대주의는 종차별주의speciesism에서 비롯된 말이다. 종차별주의는 자신이 속한 종의 이익을 우선 옹호하는 태도이다. 종차별반대주의는 편견에서 유래

재의 권익을 평등하게 고려하자고 주장한다. 그렇다고 인간과 동물, 종이 다른 각각의 동물을 무조건 동등하게 다루어야 한다고 주장하는 것은 아니다. 돼지에게 투표권은 의미가 없다. 집의 평안함을 좋아하는 고양이에게 필요한 공간과 사자에게 필요한 공간이 동일할 필요도 없다. "동물은 인간과 다름없는 감수성을 지녔기 때문에 존중받을 권리가 있다"고 주장하는 피터 싱어Peter Singer와 톰 리건Tom Regan 같은 동물윤리학 창시자들에게 종차별반대주의는 등대와도 같은 개념이다. 동물은 인간에게 도덕적으로 존중받을 권리가 있다. 인간은 동물을 인간을 위해 사용되는 존재로만 여겨서는 안 된다. 인간과 동물의 기본적인 필요와 욕구는 동일하지 않다. 인간과 동물이 행복해지기 위해 필요한 것 또한 동일하지 않다. 그런 의미에서 비록 인간과 동물의 관심사가 같지 않겠지만 인간의 생명과 삶이 인간에게 중요하듯 동물의 생명과 삶 또한 동물에게 중요하다.

종차별주의에 기반하여 건설된 인간 사회는 부당하다. 종차별주의는 인간이 원하는 대로 동물을 사용하고 학대할 수 있다

한 인간과 동물 사이의 불평등은 차별이라고 주장한다. 인간과 동물의 평등은 다른 종을 동등하게 대우하거나 동등하게 취급하자는 것이 아니다. 종차별반대주의는 휴머니즘에 반대하는 것이 아니며 인간과 동물이 동일하다고 전제하지도 않는다. 또한 종차별반대주의는 다른 생명체에 대한 인간의 분명한 책임과 모순되지 않는다. 여기서 책임은 인간과 동물 사이의 비대칭성에 주목하기 때문에 책임의 상호성을 전제하지 않는다.

고 전제하기 때문이다. 현재 인간을 실험 대상으로 삼는 것은 금지되어 있지만 동물실험은 여전히 계속되고 있다. 실험동물이 감금된 곳의 환경은 극악한 범죄자들이 갇힌 곳보다도 감히 상상하지 못할 만큼 끔찍하다. 동물은 생명이 아닌 물건처럼 취급된다. 이런 부당함은 반박 가능한 허약한 여러 논증과 부당한 원칙에 기반해 사회적으로 용인된다. 동물의 생명과 삶은 그 자체로는 가치가 없으며, 오직 인간에게 유용하기 때문에, 인간이 어떤 이익을 취할 수 있기 때문에, 동물을 좋아하는 인간의 취향 때문에 존재한다는 것을 전제로 한다.

그러나 그 무엇도 하늘과 땅, 그곳에 사는 수많은 생명이 오직 인간을 위해 창조되었다는 것을 증명할 수 없다. 동물기계론 창시자이자 저주받은 시기를 만들어 낸 전통의 선구적 책임자로 지탄받는 르네 데카르트René Descartes도 오히려 인간이 이 세계의 중심이 아니라는 사실을 상기시킨다. 1645년 9월 15일 엘리자베스 여왕에게 보낸 편지를 보자.

하늘 저 너머에는 단지 상상의 공간만 있고, 모든 우주가 땅을 위해, 땅은 인간을 위해 쓰이기 위해서만 존재한다고 생각한다면, 이는 (중략) 우리 안에 진실되게 존재하는 완벽함을 인정하는 대신, 우리가 보다 우월해지기 위해 다른 창조물들에게 이들이 가지고 있지도 않은 불완전함을 부과하는 것입니다. 부적합한 가정을 세우면서 인간은

신의 조력자가 되길 바라고, 신을 도와 세계를 운영하기를 원합니다. 이는 근심스럽고 유감스러운 끝없는 허영심의 원인입니다.

〈창세기〉는 신이 인간의 관점이 아닌, '동물 각각의 종적인 개별성'에 따라 동물을 창조했다고 말하고, 데카르트 역시 '인간중심주의anthropocentrisme*'의 입장, 즉 땅과 하늘, 모든 생명이 오로지 인간을 위해 만들어졌고, 그들의 유일한 가치가 인간을 위해 존재한다는 주장을 지지하지 않는다. 그렇다면 종차별주의의 편견과 전횡적 인간중심주의는 왜 이토록 강경하게 유지되는 걸까?

인간에 의한 무한한 착취에 기반을 둔 인간중심주의의 기원은 산업혁명으로 거슬러 올라간다. 자원이 고갈되지 않을 것이라는 환상적인 낙관적 믿음에 기반한 인간중심주의는 모든 개인은 만족할 때까지 지구의 모든 자원을 사용할 수 있으며, 개인의 만족은 결국 국가의 궁극적 목적이라는 개인주의에 근거

---

* 인간중심주의 도덕에서 다른 생명과 자연은 도구적 가치밖에 없다. 인간만이 유일하게 고유 가치가 있으며 스스로의 목적이다. 1970년대 형성된 동물윤리학, 환경윤리학은 이러한 견해를 비판한다. 인간중심주의의 거부는 종차별반대주의와 모든 비인간 존재들에게 내재적 가치를 부여하는 것과 짝을 이룬다. 자연과 동물의 고유 가치는 인간에 의해 인정되기 때문에 인간이 형성한 것 혹은 인간이 부여한 것이라 할 수 있지만, 인간중심주의의 유용성과 이러한 특성은 관련이 없다.

　　　　　　　　　　　　　　　　　　　　　　　　동물주의 선언

하고 있다. 오늘날 우리는 지구 환경은 취약하며 인구는 늘어나고 있으니 인간이 이토록 많은 에너지를 소비하는 삶의 방식을 지속해서는 안 됨을 안다. 더구나 아무도 동물을 화석 자원의 광맥쯤으로 여기지 않는다. 국가 차원이든 개인적 인식이든 최소한 이론적으로는 지구가 보호되어야 한다는 것을 인정하고 있다. 그럼에도 동물 문제에 관해서는 변함 없이 생산 제일주의와 종차별주의가 공공정책과 대중의 의식을 좌우한다. 이유가 무엇일까?

대다수의 사람은 동물도 기본권을 가질 권리가 있다는 사실을 여전히 받아들이지 못한다. 동물이 기본권을 가질 권리가 내 여동생과 고양이에게 동일한 중요성을 부여하는 것이 아님을, 인간과 동물의 차이를 부인하는 것이 아님을 알면서도 받아들이지 못하는 이유는 뭘까. 몇 년 동안 강제 착유와 인공수정을 반복하여 젖이 염증투성이가 된 젖소와 갓 태어나거나 그보다 고작 조금 더 나이 든 어린 동물을 최악의 시설에 감금한 채 죽음으로 내몰고 방임하는 행위가 견고하게 지속되는 것은 종차별주의 때문이다. 쇼를 하는 서커스의 야생동물이 채찍질과 굴욕 속에 자유를 억압당한 채 인간의 즐거움을 위해 평생을 작은 우리에 갇혀 고통받는다는 것을 묵인하는 일 역시 종차별주의로 설명할 수 있다.

종차별주의의 편견은 동물의 착취와 학대를 정당화한다. 그러나 그 무엇도 종차별주의를 정당화할 수 없다. 진화론의 보편화와 여러 과학적 발견, 특히 '동물행동학$_{éthologie}$*' 연구를 통해 동물이라는 존재와 그 사회의 복잡성과 풍부함을 알게 된 지금은 더욱 그렇다. 그럼에도 이 편견을 물리치는 것은 어째서 이토록 어려울까?

과학적 발견은 사회의 변화로 직결되지 않는다. 동물이 기계가 아니라는 것을 알고 있는 것만으로는 인간이 동물을 고기 생산 기계, 우유 생산 기계, 가죽과 모피 혹은 기름 생산 기계로 다루는 행위를 멈추게 할 수 없다. 사회·정치적 급변과 소비와 생산의 변화는 과학 발전의 덕이 아니다. 과학적 연구가 변화의 논거가 될 수는 있다. 하지만 사회적 변혁이 과학적 발견, 나아가 합리적 논증에서 올 수 있다고 믿는 것은 역사를 움직이는 동력이 무엇인지 모르는 말이다.

이 점이 동물윤리학의 한계에 주목하게 한다. 피터 싱어는

---

* 1854년 자연학자 제프리 세인트-힐래리Geoffry Saint-Hilaire는 동물 종에 따른 행동 특성을 연구하는 생물학의 동물학 분과를 창립했다. 찰스 다윈Charles Darwin, 장 앙리 파브르Jean-Henri Fabre, 야콥 폰 윅스퀼Jakob von Uexküll, 아돌프 포트만Adolf Portmann, 카를 폰 프리슈Karl von Frisch, 콘라트 로렌츠Konard Lorenz, 니콜라스 틴베르헌Nikolaas Tinbergen 덕분에 동물행동학은 동물의 풍부하고 복잡한 사회를 밝혀냈다. 동물은 단순한 기계와 동일시될 수 없고, 순수한 인과관계로 환원될 수 없다. 동물은 존재한다. 동물은 그들이 속한 세계와 다른 존재에게 행동생태학적인 기본적인 필요를 주체적으로 표현한다. 동물행동학자와 축산 전문가를 혼동해서는 안 된다. 동물행동학자는 동물의 행동을 발견할 목적으로 동물을 관찰하는 지식인이라면, 축산 전문가는 동물을 사용하는 생산의 개선에 대해 연구하는 농학기술자이다. 축산 전문가에게 동물복지 기준은 축사와 실험실에서 사용되는 동물이 그 삶의 조건을 견딜 수 있는지, 생산성이 향상될 수 있는지를 점검하는 기준이다.

　　　　　　　　　　　　　　　　　　동물주의 선언

동물윤리는 사랑을 요구하지 않고 논증에 근거한다고 했다. 그러나 동물의 윤리와 권리를 혁신하기 위한 지적 창조가 기여한 지 50여 년이 지났지만 동물의 처지는 개선되지 않았다. 오늘날 우리의 주된 어려움은 주로 이론에서 실천으로 이행하는 데서 발생한다. 사람들로 하여금 그들의 삶의 방식을 바꾸게 하거나 동물 문제를 정치적 핵심 분야로 부각시키는 일은 합리적 논증만으로 충분하지 않다. 바로 이러한 한계 때문에 우리는 앞선 이들과 다른 접근을 해야 한다.

5

동물권익
옹호의
역사와 의미

1970년대의 동물윤리학 창시자들은 감수성을 도덕적 고려와 권리의 기준으로 삼음으로써 동물에게 도덕적 지위, 더 나아가 법적 지위를 부여했으며, 감수성이 있는 다른 존재를 학대하는 사회의 종차별주의를 고발했다. 이들이 동물철학의 첫 번째 단계를 대표한다. 1990년대와 2000년대 초반, 다른 철학자들 가령 자크 데리다와 엘리사베스 드 퐁트네Élisabeth de Fontenay 같은 이들은 동물 문제의 전략적 특성*을 강조했다. 동물철학의 두 번

---

*   '전략적 특성'에 관해 설명을 덧붙이자면, 본문의 다음 문장이 설명하고 있듯이 이 문제는 여러 문제 중 하나가 아니다. 이 문제 자체로도 몹시 어렵지만 이 문제는 다른 큰 쟁점, 문제들이 결정되고 삭제되는 한계를 재현하기 때문이다. 예를 들

        동물주의 선언

째 단계에 속하는 이들은 서구 철학 전통이 동물을 생각해 온 방식에 대해 질문을 던지면서, 종차별주의적 편견과 인간에 대한 엘리트주의 견해에 기반한 여러 형태의 차별, 예를 들면 인종차별주의나 성차별주의에 길을 터준 인간주의의 폭력을 드러냈다. 우리가 속한 현재는 동물철학의 세 번째 단계이다. 세 번째 단계는 첫째, 시간이 흐른 지금 현재 인간과 동물의 관계를 통해 인간이 어떤 모습인지에 대해 많은 사실을 말해 준다. 둘째, 동물해방은 곧 인간 해방이 될 것임을 보여 준다. 셋째, 동물권을 옹호하는 활동가들과 철학자들의 주된 과업은 동물의 문제를 정치화하고, 사회의 규칙을 정함에 있어 인간과 인간이 아닌 존재들의 권익을 모두 진중하게 고려하는 일임을 보여 준다.

동물 문제의 정치화가 요구하는 것을 명확히 하기에 앞서, 수많은 동물이 인간의 욕구를 만족시키기 위해 무수한 착취를 당하는 것 때문에 소비 습관을 바꾸는 사람은 매우 소수라는 점을 기억해야 한다. 피터 싱어의 《동물해방》이 수많은 독자들에게

면, 인간의 고유성, 인류의 본질, 인류와 역사의 미래, 윤리, 정치, 법 권리 등이다. 다시 말해, '동물'은 그 다양성에도 불구하고 항상 단수, 단일 집단으로 인간의 문제, 인간의 문명에서 수많은 편견, 문제적 전제들이 지배적으로 유지되는 데 이용되어 왔다. 따라서 '동물' 혹은 '동물성'은 이러한 편견, 부당함의 붕괴를 도모할 수 있는 보편적 전략의 특징을 지닌다. 데리다의 경우, 그의 초기 저작 《그라마톨로지De la grammatologie》에서 발전시킨 '흔적la trace'은 모든 생명체, 삶과 죽음의 관계에 연관되며 인간과 동물의 단순한 대조를 근거로 형성된 인간중심적 언어의 개념을 넘어선다._옮긴이 주

채식주의végétarisme나 '비거니즘véganisme*'을 선택하게 할 만큼 결정적이었던 것은 《동물해방》이 '공리주의utilitarisme**'에 근거한 논증으로 동물 문제를 요약하는 데 그치지 않고 이를 역사 문제로 인식시켰기 때문이다. 피터 싱어는 여러 사례에 기반하여 동물의 고통에 대한 인식은 20세기 말의 중요한 문제이고, 21세기의 사회·정치 문제의 중심에 놓일 것이라 예측하면서 동물 문제를 주된 역사 문제로 인식시켰다.

역사 문제로서의 인식은 의식의 진보에 따른 논리적 귀결이 아니다. 전례 없는 폭력과 착취로 점철된 현재의 인간과 동물의 도착적 관계가 결국 우리 모두를 동물의 운명에 대해서 생각할

---

* 비거니즘은 비건 소사이어티Vegan Society라는 단체의 설립자들에 의해 1944년에 만들어진 말이다. 비건vegan은 도덕적 개념으로 동물 착취나 동물로부터 취한 것으로 만들어진 어떤 상품이나 서비스도 이용하지 않는 삶의 방식이다. 비거니즘은 유제품, 달걀, 조개류, 꿀을 포함해서 동물을 이용해 생산된 어떤 것도 먹지 않는 채식주의végétalisme를 포함한다. 비거니즘은 고기와 생선을 먹지 않고 채식을 주된 식생활로 하는 채식주의végétarisme와 구별된다. 비거니즘은 옷과 장신구 및 신발(모, 비단, 가죽, 깃털) 등 입고 신는 모든 방식, 취미생활, 나아가 다른 모든 분야(예를 들면, 화장품)에서 동물로부터 취한 어떤 것도 사용하지 않는 삶의 방식이다. 비건주의자들은 동물을 인간을 위한 치료와 서비스, 예를 들면 시각장애인을 돕기 위해 개를 교육하고 안내 서비스에 이용하는 것도 반대한다. 비건주의자들은 결핍을 피하기 위해 비타민 B$_{12}$를 섭취해야 한다. 1948년 비타민 B$_{12}$의 발견으로 모든 사람이 채식을 하는 것이 가능해졌으며 현재 비타민 B$_{12}$는 합성이 가능하다.

** 선의 최대화와 즐거움과 고통의 계산에 의거해 설립된 도덕의 결과론적 접근을 말한다. 어떤 행동의 결과가 가장 많은 사람들의 가장 큰 행복을 끌어낼 수 있다면 좋은 행동이며, 반대로 동물을 포함해 감수성이 있는 존재들에게 큰 고통을 초래한다면 나쁘다. 이러한 접근방식의 창시자는 제러미 벤담이며 피터 싱어가 이를 계승한다.

동물주의 선언

수밖에 없도록 이끌었다. 우리는 경제발전 논리가 활개 치는 사회에서 동물학대가 폭로하는 사실의 인류학적·윤리적·법적 근간에 대해서 생각해야 한다. 현재의 경제발전 모델은 사회적·환경적으로 중대한 역효과를 초래하고 인간과 '인간이 아닌 존재들'의 가치를 모두 떨어뜨린다. 자본주의가 결국 인류를 막다른 길로 몰고 왔다는 부인할 수 없는 맥락에서, 동물 문제는 중요한 사회·정치적 문제를 제기한다. 동물의 해방을 위해 싸우는 활동가들은 지금까지와는 다른 세상이 가능하다는 희망을 품게 되었다.

다른 생명체를 무한정 사용하는 것이 옳지 않다는 사실이 명백해지는 것처럼 인간과 동물 사이의 경계가 임의적이라는 사실 역시 드러나고 있다. 유전공학과 과학기술의 두드러진 발달, 동물을 착취해서 만든 생산품을 사용하는 서구식 삶의 방식의 전 세계적 확장, 인구 증가를 특징으로 하는 현 단계에서 동물 착취와 다른 형태의 다양한 착취 사이의 연관성이 보이게 된다.

동물의 권익을 보호하는 행위의 대의는 역사에 뿌리를 내리고 있다. 노예제 폐지 투쟁은 이 대의에 전략적 지표를 주는 동시에 용기를 북돋아 준다. 또한 여성과 남성이 평등하다는 주장을 관철시키려는 여성들의 의지는 동물을 위한 운동에 연대적이다. 동물을 향한 폭력과 여성을 향한 폭력 사이에는 확실한 연관성이 있다. 지배는 항상 타인의 몸에, 가장 약한 이들에게 먼저 행사된다. 결국, 동물에게 더 정당한 사회로의 전환은 약자 착취에 기반한 자본주의를 극복하는 것을 통해서만 가능하다.

수 세기 동안 아동, 어떤 사람은 노예로 살아야 했다. 노예는 오늘날 가축시장과 흡사한 시장에서 거래되었다. 노예는 어떤 권리도 없이 전적으로 주인에 속했다. 주인은 쉴 새 없이 일을 시키고, 노예의 결혼에 전권을 쥐고 있었으며, 심지어 아이를 낳거나 낳지 말라고 명령할 수 있었고, 내키는 대로 죽일 수도 있었다. 이러한 고통에도 불구하고, 노예화는 대부분의 노예로 하여금 그들 스스로 백인종과 흑인종 사이에는 다른 본성이 있다고 생각하도록 만들었다. 올림피아의 신이나 그리스도의 추종자도 이런 제도를 잔혹하다고 생각할지언정 대부분 부당하다고 생각하지 않았으며 이 제도를 뒤엎을 생각을 하지 않았다.

모든 인간은 자유롭게 태어났고, 같은 권리와 존엄성을 가진다는 생각이 자리잡히려면 토머스 홉스Thomas Hobbes의《리바이어던 Léviathan》, 계몽주의 철학, 1776년 미국 독립선언, 1789년 프랑스 혁명까지 기다려야 했다. 이러한 글과 역사적 사건을 통해서야 명석하고 진보적인 사람들의 의식에서 노예제 폐지가 자명한 일이 되었다. 그렇다고 노예제 폐지가 즉각적으로 이루어진 것도 아니다.

주체적 권리는 개인에게 존엄함과 '내재적 가치valeur intrinsèque[*],

---

[*]   내재적 가치는 외재적 가치와 구별된다. 내재적 가치는 우리가 이를 통해 무엇을 할 수 있는가라는 사용의 문제와 상관없이 각자 고유한 가치를 지닌 모든 존재와

를 부여하며 자유와 평등을 천부권, 즉 인간이 태어날 때부터 갖는 권리의 기본으로 삼는다. 오늘날에는 이 권리가 실정법 혹은 기존 법률의 정당성을 가늠하는 기준으로 쓰인다. 이런 주체적 권리는 인종, 민족, 지위, 성에 관계 없이 모든 인간을 도덕의 대상으로 고려하게 하는 도덕의 진보를 보여 준다. 주체적 권리의 확장은 노예제 폐지 성공, 인종차별주의 반대 투쟁, 흑인과 여성의 시민권 획득을 이끌어 낸 도덕과 권리, 정치의 진보를 보여 준다. 과학 발전의 결과로서가 아니라 철학과 정치적 노력에 의해 도덕적 존중이 확장되어 온 것이다.

개체의 특징이다. 내재적 가치는 개별 존재의 내부적 목적이지 수단이 아니다.

진보의
걸림돌들

　동물에게 보다 정당한 사회로 나아가기 위한 조건을 생각할 때 노예제 폐지의 역사를 살펴보는 일은 유용하다. 둘을 비교하면 변화를 가로막는 장애물이 시야에 들어오기 때문이다. 미국에서 '불가능할 것이라고 믿었던' 사회적 중재에 도달하기 위해 에이브러햄 링컨이 추진했던 정치에서 현재에 유용한 착상을 얻을 수 있다.

　노예제 폐지로 가는 길에는 주요 장애물이 둘 있었다. 하나는 인종차별주의로, 어떤 인종이 열등하거나 우월하다는 편견이었다. 다른 하나는 노예제가 상업과 밀접히 연결되어 있기 때문에 노예제를 폐지하면 엄청난 경제적 재난이 초래될 것이라는 맹목적인 믿음이었다. 이런 이유로 특히 남부 지역 주정부에서 유지되던 이 '기이한 제도'인 노예제는 폐지되어도(비록 이러한 폐지 과정에 폭력이 없었다고 할 수는 없지만) 관련 지역의 경제를 파산시키지도 않았고, 남북전쟁 후에 미국 연방이 해체되는 일도 일어나지 않았다.

여기에서 두 가지를 눈여겨 봐야 한다. 하나는 링컨이 취했던 전략이다. 1860년 대통령에 당선될 당시, 링컨은 노예제 폐지를 요구하지 않았다. 다만 노예제가 다른 곳으로 확장되는 것을 금지했을 뿐이다. 미국 전역에서 노예제를 폐지한 열세 번째 헌법 개정은 링컨의 주도하에 1865년 의회에서 승인되었는데, 이에 앞서 1862년 3월 6일, 링컨은 의회에 손해배상적 해방에 대한 메시지를 보낸 바 있다. "미국의 각 주정부들이 점차적 노예제 폐지를 추진하는 과정에서 생길 수 있는 공적 혹은 사적인 문제들을 해결하기 위해 필요한 만큼 쓸 수 있는 금전적 지원을 포함한 협조"를 미연방정부 차원에서 약속하는 조약을 비준하도록 권고하는 내용이었다. 이 같은 기획을 통해 미국 남부의 주정부들은 노예제 폐지 후 37년 동안 발생할 재정 손실에 대한 보상을 받는 대가로 노예제 폐지를 결정했다.

1862년 12월 9일, 북부Yankees에서 모집된 흑인으로 구성된 부대가 100개 창설되었고, 1863년 〈노예해방선언〉을 계기로 노예 소유주들의 손해배상은 재고되고 결국 폐기되었다. 1865년 4월 15일 링컨이 암살당하자 북부의 급진주의자들이 의회를 장악했다. 상원의 주류가 된 엄격한 재건설주의자였던 급진주의자들은 남부를 향한 복수 행위에 고쳐되었다. 하지만 노예제 찬성주의자들을 포함하여 남부의 모든 시민을 적으로 간주하지 않는다는 원칙을 정하고, 그들에게 노예제를 기반으로 하지않는 농업과 경제로 전환하는 데 필요한 수단을 제공했다. 이는 현명함과 신중함의 본보기로 기억될 만하다.

다른 하나는, 노예제와 깊이 관련되었던 지역이 결국 파산하지 않았다는 사실이다. 이는 지역 주민 중 일부만이 노예제도의 이득을 취해 왔다는 사실을 증명했다. 노예제는 〈독립선언문〉에 천명한 인간평등의 원칙에 위배될 뿐 아니라, 더 나아가 일부의 미국인만 이 제도를 통해 이득을 취해 온 것이다. '이 기이한 제도'는 국가적 수치였으며, 무엇으로도 합법화할 수 없는 흑인에 대한 착취였다.

노예제 폐지는 '인간 본성'에 기초한 대의였다. 그렇기 때문에 링컨은 목숨을 대가로 치러야 할지도 모르는 일에 전력을 다했다. 이 대의는 링컨이라는 한 개인을 넘어서는 일이었다. 동시에 노예제 폐지가 국가를 분열시키거나 노예 소유주의 파산을 초래해서는 안 되었다. 속박된 인종의 해방을 위한 싸움은 사회를 재건하기 위한 싸움이기도 했다. 링컨이 목표로 했던 혁명은 초기의 노예 폐지론자들이 꿈꾸었던 것처럼 노예제도 찬성자들의 죽음이라는 의미에서의 혁명이 아니라, 보다 정의로운 사회, 독립선언에 더 잘 부합하는 사회로의 전환이라는 혁명이었다. 링컨은 노예제 폐지가 초래할 새로운 사회와 경제 모델을 향한 전적인 변화를 이해하고 있었다. 이러한 이유에서 링컨의 정책은 동물해방을 위한 투쟁에 영감을 준다.

어떤 이들은 동물실험이 인간의 생명을 구하고, 의학을 발전시키며, 전 세계적으로 행해지는 동물 착취가 고용을 창출하기 때문에 소수의 인류에게만 이로운 것이 아니어서 동물해방과 노예해방을 비교하는 것을 거부한다. 동물의 정의와 인간의 권리 중에 선택해야 한다는 것이다! 그러나 동물의 권익을 보호하는 일이 곧 인간의 대의가 될 수 있다. 자본주의 경제라는 맥락에서 현재 행해지는 비윤리적인 동물 착취는 동물은 물론 인간에게도 점점 더 끔찍한 일이 될 수 있을 뿐 아니라, 인류 전체는 물론 대다수의 인간에게도 이익을 주지 않기 때문이다. 그렇다면 범죄와 다를 바 없는 동물 착취가 도대체 누구에게 이로운지 묻지 않을 수 없다.

동물로부터 취한 생산품에 대한 일상적인 대량 소비는 당뇨, 비만, 암의 위험 요소를 증대시키는 등 건강에 해롭다는 것은 이미 밝혀진 사실이다. 그렇다면 동물의 대량 소비를 통해 이익을 취하는 것은 누구인가? 동물 생산품의 수요와 충족이 전 세계 인구 중 30억 명이 시달리는 극단적 빈곤, 기아, 영양불균형에 어느 정도 책임이 있음은 이미 알려져 있다. 미국과 유럽에서 사육되는 가축의 먹이로 쓸 대두를 재배하기 위해 중남미의 숲을 파괴함으로써 이윤을 취하는 것은 누구일까? 배고픔과 가난에 시달리는 이들은 대부분 곡식을 생산하는 나라에 살고 있으면서도 토지를 독점한 식량생산 기업의 해악으로 충분한 식량을 공급받지 못하고 있다.

가축은 매년 71억 톤의 이산화탄소를 배출하는 지구온난화의 일곱 번째 주범으로, 자동차 배기가스보다 더 많은 양의 이산화탄소를 생산한다. 500킬로칼로리의 콩을 생산하는 데는 421리터의 물이 필요하고, 500킬로칼로리의 감자를 생산하는 데는 89리터의 물이 필요한 것에 비해, 500킬로칼로리의 고기를 생산하기 위해서는 4,902리터의 물이 필요하다. 이처럼 고기를 생산하려면 막대한 환경적 비용을 지불해야 한다. 그렇다면 도대체 누가 고기 생산으로 이득을 취하는가?

많은 물고기는 새끼를 낳기도 전에 포획되고 있다. 이런 식이라면 몇 년 안에 태평양은 텅텅 비어 버릴지도 모른다. 멸종위기에 처해 있는 종이 그물에 걸려 죽어 가는 상황에도 심해에서 물고기를 잡아서 이윤을 취하는 자는 누구인가?

농장 노동자들은 새끼 돼지를 마취도 없이 거세할 때 돼지가 지르는 비명을 듣지 않기 위해서 귀마개를 한다. 또한 노동자들은 허약하게 태어나 기준에 '부합하지 않는' 새끼 돼지를 가차없이 죽여서 스스로 살해자가 되기도 한다. 동물의 분뇨가 지하수를 오염시키고 건강에 해를 끼치는 녹조를 번식시킨다는 사실 또한 이미 알려져 있다. 이런 과정을 통해 막대한 이윤을 취하는 자는 대체 누구인가?

아를Arles, 바욘Bayonne, 베지에Béziers, 님Nimes같이 투우를 하는

　　　　　　　　　　　　　동물주의 선언

대다수의 도시는 시의 재정이나 용역회사를 통해 투우 경기를 진행하면서도 엄청난 적자를 본다. 그렇다면 투우경기로 이득을 보는 사람은 누구인가? 동물에게 끔찍한 고문인 투우는 전용 경기장 밖에서는 범죄로 간주되는 행위임에도 '전통의 계승'이라는 명목으로 납세자로부터 징수한 많은 세금을 유용한다. 다양한 단체의 활동을 지원하고, 고귀한 사회적 목적에 쓰일 공금을 투우가 가로채고 있는 것이다.

간힌 돌고래와 범고래는 그들의 습성을 이해하지 못하고 공격하는 종들과 섞여 좁은 수족관에서 살아가면서, 뛰어오르는 쇼를 강요당한다. 그것도 모자라 유리 너머로 자신들을 관찰하고 귀찮게 하는 사람들, 소음, 열기, 뒤엉킨 혼잡함을 견뎌야 한다. 수족관은 도대체 누구에게 이로운가? 트럭에 실려 온 코끼리, 곰, 얼룩말은 아직도 서커스를 허가하는 도시의 우리 속에 간힌 채, 절망과 지루함을 부조리한 행동이나 '정형행동stéréotypies*'을 반복하면서 표현한다. 포획된 동물의 쇼는 누구에게 이로운가?

오늘날 해부학은 컴퓨터와 3D로 공부할 수 있음에도 학교와

---

* 　정형행동은 공장식 사육장이나 우리에 간힌 동물이 끊임없이 반복하는 아무 의미 없는 행동이나 몸짓을 일컫는 용어로, 동물의 엄청난 정신적 고통이 외부적으로 표현된 행동이다. 예를 들면 암퇘지는 우리의 창살을 씹거나, 서커스장 우리에 간힌 코끼리는 멈추지 않고 머리를 흔든다.

대학에서 해부실습을 계속한다. 이를 통해 이익을 보는 것은 누구인가? 동물실험을 통해 얻어진 결과는 많은 경우 인간에게 적용할 수 없다. 또한 세제, 화장품, 약의 안전성 실험에는 이미 믿을 만한 대안이 있다. 그럼에도 계속되는 동물실험으로 이득을 보는 것은 누구인가? 2015년 출간된 오드리 주글라Audrey Jougla의 책《직업 : 실험실 동물*Profession : Animal de laboratoire*》이 밝히고 있듯 동물실험은 대부분 암과 같은 병과 별로 관련이 없다. 그렇다면 누가 이득을 본다는 것일까? 인간에게 물, 공기, 수면부족이 어떤 결과를 가져오는지 알기 위한 실험에 동물을 이용하는 건 아무런 쓸모도 없다.

상상할 수조차 없을 만큼 많은 동물에게 감히 가늠하지 못할 고통을 가하면서도 인간을 위한 유용성조차 확실치 않은 이런 착취 행위가 누군가의 이윤을 창출하고 있다. 어마어마한 전매권을 가진 몇몇 농업 및 식품 산업, 제약산업 로비스트와 동물원이 바로 이윤을 얻는 집단이다.

이윤을 얻는 집단은 돌고래와 범고래가 좁은 수족관에서 살면서 인공수정 당하는 일이 고래에게도 행복한 일이라고 주장한다. 서커스 동물은 자아실현을 위해 쇼를 하는 것이며, 담배연기를 흡입하는 실험실의 비글은 참을성이 강하며, 인간의 건강을 유지하기 위해서는 동물로부터 착취한 생산물을 매일 섭취해야 한다는 식의 거짓 정보를 퍼트린다. 이렇게 대중을 속이며 나날이 부자가 된다. 그런데 그들의 거짓말을 고발하기에 우리

동물주의 선언

는 너무 무지하거나 비겁하고, 공공의 권력에 압력을 행사하기
에는 제대로 조직되지 못했으며, 동물을 사용하지 않고도 먹고
입는 것이 가능한 새로운 모델을 개발하도록, 과학과 산업으로
혁신하도록 경제인들을 압박하지 못했기 때문에 이 집단은 존속
한다.

우리가 동물이 처한 운명을 개선하고 동물의 권리를 보장하
기 위해 싸울 때, 갈등이 생기는 것은 불가피하다. 이는 동물과
인간을 착취하고 잘못된 정보를 전파시켜 이익을 얻는 경제체
제에 대항하는 싸움이기도 하기 때문이다. 동물의 권익을 옹호
하는 것이 어째서 인간과 관련 있는지를 이해하고자 한다면, 우
리는 생명체의 시대에 살고 있음을, 생명체의 시대는 사회적·정
치적·인류학적 차원을 전제함을 분명히 해야 한다.

7

황폐의 시대에서
생명체의
시대로

　인류 선조의 활동은 두 차원으로 전개되었다. 한 차원은 그들
이 살던 현실 세계, 다른 한 차원은 현실 세계를 초월하는 세계
이다. 신 혹은 역사가 그들을 판단했다.

　선사시대와 전통시대를 아우르는 첫 번째 시대는 종교신화적
시대라 할 수 있다. 인간은 행위와 믿음을 통해 평안을 구하거
나 혹은 호메로스의 세계에서처럼 인간의 용기는 길고 평안한
삶 대신 선망의 대상인 영광스러운 삶을 선물받기도 했다.

　두 번째 시대는 역사철학자들의 시기이다. 철학자들은 인류
역사의 가치, 의미와 방향을 규정하고 하나의 동력을 기준 삼아
현실을 재구성했다. 헤겔에게 그 동력은 이성의 술책인 열정이
었고, 마르크스에게는 공산주의 사회를 도래하게 할 계급투쟁

이었다.

정치적 유토피아의 이름으로, 또한 자유와 정의의 이름으로 사람들은 역사와 정치에 참여하고, 자신의 존재에 깊이 있는 무게를 부여했다. 예를 들어 프랑스 레지스탕스의 경우가 그랬다. 만족과 안락함은 개인의 유일한 선택지가 아니었다. 나치즘에 대한 승리, 더 정의로운 사회의 도래를 위해서는 개인의 평온함, 생명까지 희생할 가치가 있었다.

역사철학자들의 전체주의적 일탈인 공산주의 체제 또는 전통적 사회에서 인간의 가치는 그가 속한 질서나 공동체에 의해 결정되었다. 이상적인 것과는 거리가 멀었다. 개인이 지닌 고유한 주체적 가치의 인정, 타인에게 피해를 주지 않는 범위에서 개인 선택의 자유를 보호하는 것은 법치국가의 중요한 전통이다.

소비에트 연방의 강제수용소에 대한 폭로, 베를린 장벽의 붕괴는 역사철학자들의 종말을 고했다. 동시에 유토피아를 정치적 금기로 만들었고, 그 자리를 시장과 경제제일주의에 내주었다. 인류는 물질적 소비와 상품에 부여된 특권적 가치 이외의 다른 가치 판단의 기준을 갖지 못한 채, 점차 타인과 연결된 느낌을 잃어 갔다. 오늘날, 오직 자신만을 위해서 존재하는 개인은 자신이 쌓아 올린 것을 잣대로 성공이나 실패를 평가하며, 끊임없이 자신을 타인과 비교한다. 돈을 벌어들이고 재물의 힘에서 영화를 추구하는 오직 개인만을 위한 사회는 팽배한 불만족, 조화가 사라진 분열의 분위기를 보여 준다.

공산주의가 붕괴되고 유일한 체제가 된 자본주의가 전횡하는 시기에 형성된 세 번째 시대는 황폐의 시대이다. 동시에 사회적·정치적·인류학적 시기이다. 자신을 생산력과 소비력으로만 인식하게 된 개인은 함께 사는 삶에 연결되는 끈을 잃어버렸다. 익명성에 대항해 자아를 정립하기 위해 개인이 할 수 있는 대단치 않은 일들과 그로부터 거둔 작은 성공들은 내면의 공허를 채우지 못한다. 어떤 관계나 애정도 개인에게 삶에 의미가 있다는 확신을 주지 못한다. 자기 자신만을 위해 살아갈 때 삶은 특별한 의미나 아름다움을 갖지 못하기 때문이다.

한나 아렌트Hannah Arendt가 《전체주의의 기원》에 썼던 것처럼 황폐화는 대중 민주주의의 특징이다. 대중 민주주의에서 개인은 인간의 가치를 떨어뜨리고 공동의 세계를 파괴하는 권위적 정치에 대항할 수 있는 내적인 자원을 충분히 갖추고 있지 못하다. 그러나 개인이 태어날 때부터 죽을 때까지 함께하게 되는 공동의 세계는 자연유산과 문화유산, 자연과 인간의 작품으로 구성된다. 한나 아렌트가 《인간의 조건》에서 말했듯이 공동의 세계는 우리를 과거, 현재, 미래 세대와 연결시킨다. 불멸성이라 할 수 있는 것을 개인의 존재에 부여하고, 공적 영역에 실체를 부여한다.

개인의 행동은 개인은 물론 주변에 의미가 있고, 행동의 가치는 인간은 물론 인간이 아닌 존재들과 공동의 세계에 영향을 끼친다. 때문에 개인은 죽음이 한 세계의 끝이 아님을 인지하고 살

동물주의 선언

아가게 된다. 이러한 관계는 인간의 죽음과 한계, 위대함과 소심함을 모두 받아들이게 한다. 또한 타자를 위해 할 수 있는 일을 생각하면서 확장된 관계를 형성하도록 하며, 타자의(여기서는 지구에 살고 있는 동물의) 운명에 무심하지 않도록 이끌어 준다.

반대로 현대인이 겪고 있는 무력함과 자아상실의 원인인 주체성의 상실은 역설적이게도 어떻게든 자신을 부각시키고자 하는 절망적인 의지로 나타난다. 개인적 영역에만 국한된 주체의 자기 자신과의 관계, 타인과의 관계, 세계와의 관계는 본인의 의지와 예상을 벗어나 있는 것들을 통제하고자 하는 욕구로 나타난다. 신체의 변화와 노화, 장애에 대한 두려움, 염색체를 유리하게 조작하고자 하는 욕망, 죽음을 부당한 것으로 인식하는 일 등을 특징적으로 보여 준다. 이러한 통제의지는 자신과 타자의 연약함에 대한 두려움의 표현이기도 하다. 이는 타자의 이타성異他性을 부인하고 타자를 지배하려는 욕구로 이어진다. 고립된 상태로 자아를 절망적으로 추구하는 공허하고도 전체주의적인 주체는 폭력의 먹이인 동시에 도구가 된다.

대개의 경우, 이런 폭력은 실험실이나 도살장에서의 폭력처럼 합법적이다. 폭력은 특히 동물, 스스로를 방어할 수 없는 약한 존재를 대상으로 삼으며, 도시의 한복판이나 곳곳에서, 언제 어디서든 대상을 가리지 않고 행사된다. 예를 들어 폭력적인 시기에 발생하는 전쟁이나 테러, 강간, 인질극 등의 피해자는 인간뿐 아니라, 폭격을 당한 도시에서 희생된 동물, 버려진 동물원에서 우리에 갇힌 채 배고픔과 목마름으로 죽어 가는 동물이다. 또한 자신의 범죄를 촬영해서 배포하는 수많은 비정상적인 인간에 의해 잔혹하게 고문당하고 죽어 가는 세계 곳곳의 개와 고양이도 잊지 말아야 한다.

비록 이유나 대상은 다를지라도 이런 폭력에는 공통점이 있다. 그 무엇도 존중하지 않는 상태의 인간은 폭력으로 폭주하며, 동시대적 허무주의의 형태로도 표출한다. 레오 스트라우스Leo Strauss는 이를 두고 "현 세계와 현 세계의 잠재적 가능성을 완전히 파괴해 버리려는 욕망, 욕망의 개념조차 분명하지 않은 욕망"이라고 했다. 이윤추구와 소비지상주의의 사회는 사회적 이상을 가리고 소외된 것들을 만들어 낸다. 물론 가치를 잃어버린 사회의 초상이 테러리즘이라고 주장하려는 것은 아니다. 그럼에도 테러리즘은 인간이 인간에게, 인간이 인간이 아닌 존재에게 가하는 폭력과 무관하지 않다.

레오 스트라우스는 나치주의에 찬동한 독일의 젊은 허무주의자들의 행동을 분석하면서, 이 젊은이들은 숭고함에 대해 어떤 자리도 내어 주지 않는 세계에 대한 혐오를 이런 방식으로 표출했다고 분석했다. 젊은이들의 반항은 그들이 증오하는 사회를 어떤 사회로 대체해야 할지 몰랐기 때문에 제대로 조직되지 못했다. 그들은 허무주의에 대항할 어떤 사유도 갖지 못했다. 젊은이들에게 대답해야 할 문명의 원칙과 가치를 내세웠던 사람들은 마치 이러한 원칙이 충분한 힘이 없거나 이미 낡은 것

동물주의 선언

인 양 소극적인 태도를 보였다. 젊은이들에게 필요한 것은 전통에서 명확한 길로 안내해 줄 지표를 찾는 방법을 알려 주고, 이들의 반항에서 긍정적인 동기를 찾아내 건설적인 이상으로 변화시키도록 도와줄 선배였을 것이다. 그러나 제1차 세계대전과 니체 이후, 젊은이들은 보편적이고 합리적인 계몽사상의 붕괴를 심각하게 받아들였고, 결국 유일하게 유혹적이었던 나치주의와 영합했다. 마르틴 하이데거Martin Heidegger와 카를 슈미트Carl Schmitt의 경우가 그랬다. 독일의 젊은 허무주의자들은 문명을 집어 던지고 야만의 카오스를 선택했다.

현재 우리의 상황은 어떤 의미에서는 1930년대 유럽의 상황과 비슷하다. 사회가 부추기고 있는 반항이 혼란 속에 방치되어 있는 것이다. 그러나 다행스럽게도 우리는 교차로에 서 있다. 새로운 사유가 출현하고 있기 때문이다. 새로운 사유는 생명체에 대한 존중과 인간의 연약함을 연결하며 트랜스휴머니즘*처럼 지배의 집념이 만들어 가는 미래에 두려움을 느끼는 많은 사람들의 희망을 반영한다. 새로운 사유는 다시 한 번 동물 문제의 핵심적인 측면인, 동물을 위한 정의와 인간 자신과의 화해 사이의

---

* 　트랜스휴머니즘transhumanism은 현재의 다양한 사유의 흐름 중 하나로 과학기술의 힘으로 인간의 존재 조건이기도 한 고통, 질병, 장애, 노화 등의 취약성을 개선해서 새로운 인류를 형성하고자 하는 움직임이다. 저자는 이러한 인간중심주의, 인간의 지배욕에 대해서 비판적 입장을 취한다. _옮긴이 주

관계를 강조하면서 허무주의를 막는 방어막이 될 것이다.

우리는 지금 새로운 세기, 생명체의 시대 문턱에 있다. 생명체인 인간과 동물에 대한 존중은 의무와 금지로 요약되는 도덕을 의미하지 않는다. 존중은 새로운 개념에 근거한 주체의 철학이다.

지금까지의 서구 근대철학은 개인을 다른 사람, 다른 존재로부터 분리했고 개인의 자유를 '자연으로부터의 분리'라고 생각했다. 주체를 이와 같이 분자적 존재로 이해하는 방식은 전통이나 종교에 복종하도록 종속되어 있던 개인에게 존엄성을 부여하고, 개인의 자유를 국가의 근간으로 삼기 위해 필요했다. 하지만 이러한 개인 존재의 추상화는 인권 철학이 지닌 불가피한 이론적 허구였다. 그럼에도 우리는 이러한 추상화가 인간이 처음부터 지니고 있던 정확한 모습인 것처럼 행동했다. 인간을 타인이나 인간이 아닌 다른 존재와 연결됨을 서서히 지워 왔으며, 단지 자유만이 유일하게 '주체성 subjectivité[*]'을 결정한다고 믿었다. 하지만 인간의 육체성과 연약함, 다른 사람으로부터 태어나는 존재라는 조건, 공기, 물, 음식, 공간에 대한 필요는 변함없이 주체의 관계적 성격을 강조하고 있다. 이러한 인간 삶의 조건적 특성은 다른 생명체를 윤리와 정의의 중심에 두는 근거가 된다.

---

[*] 주체성은 개인적 존재, 자아의 구조를 가지는 것을 말한다. 주체성은 반드시 성찰을 포함하지 않는다. 인간은 생각하는 내가 아니어도 나일 수 있다.

동물주의 선언

생명체의 시대에 사회적·민주적 재건 기획은 동물 문제를 반드시 포함시키는 주체의 철학에 기반해 윤리와 철학을 재구성해야 한다. 또한 인류학과 정치학의 조합으로 인간과 동물이 정당하게 공존할 수 있는 규칙을 제정하게 될 것이다. 공존은 단기적으로나 장기적으로나 인간 미래의 확실한 전망이다.

2부
—
동물 문제를 정치의 장으로!

동물을
향한
정의

현재 동물과 인간의 관계는 인간이 말하는 정의가 실은 불의라는 것을 증언한다. 현 사회의 정치, 사회 조직은 인간의 이익만 고려하고 동물을 인간의 노예처럼 취급한다. 하지만 같은 공간을 나눈다는 의미에서 동물은 인간과 함께 공동체를 구성한다. 지구에 산다는 것은 다른 생명체와 함께 살아간다는 뜻이다. 여기 우리 곁에 동물이 있고 그들은 존재할 권리가 있다.

자유와 시간 개념뿐 아니라 존재의 물질성과 공간에 대해 생각해 보면 '정의'란 다른 생명체와 '양식'을 나누는 일이라는 것을 이해할 수 있다. 양식은 우리가 살아가는 데 필요한 모든 것을 가리킨다. 양식은 음식, 물, 공기, 우리가 속한 환경 등을 포괄하며, 생명이 '살아가는 일 자체와 관련된 충만함'을 전제로 한다. 인간은 육체를 지닌 존재이고 존재는 물질성과 중량감이 있다. 때문에 우리의 삶은 다른 존재의 삶에 의해 끊임없이 영향을 받는다.

우리가 무엇을 하든 다른 존재와 연결된다. 교역을 위한 고속도로나 공항을 건설하여 선조가 남긴 풍경을 변형시킨다. 인간의 행동은 동물의 삶에도 영향을 주는데 때로는 직접적인 영향을 미친다. 사육, 낚시, 사냥, 야생동물 거래, 농업, 건설, 벌채, 하역장 건설, 도시 확장이 그런 것이다. 따라서 인간의 정치는 언제나 인간과 동물이 공존하는 세상을 위한 동물정치zoopolitique 여야 하는데 인간은 마치 동물이 아무 권리도 없는 것처럼 행동한다.

동물정치 혹은 인간과 동물의 공동체는 현실이다. 그런데 인간의 이익과 동물의 이익이 자주 맞부딪치기 때문에 필연적으로 정치적이다. 원시사회에서도 관찰되었던 것처럼 자원의 사용에는 언제나 갈등이 따른다. 공동체의 갈등은 자연적인 것이지만 동물의 가축화, 농업과 사회 전체의 산업화는 정치 공동체의 구조를 바꾸었다.

동물의 이익이 인간의 이익에 종속된다고 전제하기 때문에 동물 착취는 문제적이다. 이에 반해 동물을 향한 정의는 동물의 이익과 인간의 이익이 모두 존중되어야 한다고 전제한다. 동물을 향한 정의는 동물 착취, 다시 말해 현재 인간이 동물에게 가하는 거의 대부분의 행위에 문제를 제기해야 하기 때문에 매우 어려운 문제이다. 그러나 더 어려운 것은 동물과 인간 모두를 위한 정의가 오직 인간에 의해서만 발의될 수 있다는 점이다. 인간만이 동물정치를 건설할 수 있다.

동물은 그들의 이익을 대변하고 인간을 고발할 법정도 법률도 없다. 동물은 정치 권력을 수립하지 않는다. 하지만 그렇다고 동물의 이익을 인간의 공적 정치에 포함시켜야 한다는 사실이 바뀌지는 않는다.

동물은
정치적
주체이다

2

인간은 동물을 정치적으로 대표할 수 없다. 유권자들은 선출된 자가 더 이상 자신의 이익을 대변하지 않는다고 판단되면, 그를 더 이상 지지하지 않는 것으로 해임할 수 있다. 원칙적으로 선출된 자는 선거권을 지닌 시민들의 의지를 표현하는 대리자이기 때문이다.

하지만 동물은 그들 스스로 인간의 정치 공동체에 속한다는 생각을 하지 않는다는 의미에서 인간과 같은 동료시민이 아니다. 비록 반려동물의 삶이 그들과 관계하는 사람, 특히 함께 사는 가족과 밀접하게 관련되어 있지만 동물은 정치 공동체나 국가에 특별한 소속감을 느끼지 않는다. 정치 관계는 가족 관계와는 다르며, 가족이 있다는 감정이 한 존재를 시민으로 만들기에는 충분하지 않다.

시민성을 부여하거나 개별적 권리를 부여하기 전부터, 시민성은 이미 공동체 의식, 정치적 정체성 혹은 '폴리테이아$_{politeia}$*,'에 대한 인식이 있다는 점을 전제한다. 인간은 생애 초반부를 지나면 심각한 인지장애가 있는 사람이거나 어린이도 국가란 무엇인지 깨닫고 구성원 혹은 국가 간에 대립하는 이해가 있다는 사실을 어렴풋이 느낀다. 인간은 이 같은 인식을 스스로 그리고 공동체로부터 획득한다. 공동체 없이 시민성은 의미가 없다.

의지와 참여를 표현할 수 있는 능력과 상관 없이 인간만이 온전한 시민이 될 수 있다. 비록 동물은 대부분 주체성을 허락받지 못하는 삶에 얽매여 있지만 그들에게도 보호해야 할 이익, 개인적 선호가 있고, 이를 표현할 의사소통 능력이 있기 때문에 정치적인 주체이다. 따라서 주체적 존재로서 동물의 행위성을, 인간이 다른 존재들과 공존하기 위한 공정한 규칙을 만드는 협상의 출발점으로 삼아야 한다.

심신의 능력을 다소 상실한 노인이나 장애인처럼 의존적 상황에 처해 있는 사람들을 위한 사회 정의를 상기해 보자. 이들은 주거 환경의 접근 용이성, 적당한 일자리 제공 등 시민으로

---

* 폴리테이아는 고대 그리스의 정치 조직에서 시민성을 도시$_{cité}$의 조직과 연결하는 개념이다. 고대 그리스에서 시민성과 도시는 밀접한 관련을 갖는 정치에서의 두 축이었다._옮긴이 주

동물주의 선언

서의 사회정치적 권리를 요구한다. 이런 권리는 종이에만 명시된 형식적인 차원이 아닌, 실제로 행사할 수 있는 것이어야 하며 동시에 실질적 자유를 보장할 수 있어야 한다.

형식적 자유와 실질적 자유의 구분은 마르크스에게서 비롯되었다. 노벨 경제학 수상자인 아마르티아 센Amartya Sen은 실제로 이행될 수 있는 '행위능력capabilités'의 개념을 구성하기 위해 이같이 자유 개념을 새롭게 구분하고 해석한다. 돈, 서비스, 권리처럼 부여된 재화를 실제로 사용할 수 있는지 알아보기 위해 한 개인이 놓인 상황에서 할 수 있는 일을 고려해 보는 것이다. 몸이 마비된 사람이 일반적인 교통수단을 사용할 수 없다면 이동의 자유는 형식적인 권리에 불과하다. 읽을 줄 모르는 사람에게 투표권 역시 형식적 권리이다. 불평등을 판단하는 기준은 개인에게 주어진 권리를 실질적으로 행사할 수 있는가의 여부이다. 법을 제정하는 데서 멈출 것이 아니라 적절한 공공 서비스로 행위 능력의 평등을 이루어야 한다. 사회 정의의 실현은 개인이 스스로 결정하지 않은 법의 일방적인 수혜자에 머무는 것이 아니라 개인의 의지가 반영되고 존중되어야 가능하다. 권리를 행사하는 데 어려움을 겪고 있는 사람들의 관점과 그들의 이해가 모두 반영되기 위해서는 도움이 필요하다. 그들의 의지를 이해하고 그들을 도와 의지를 실현할 수 있는 필요한 수단을 동원할 수 있는 조력자가 필요하다. 그리고 조력자는 그들의 의지를 결정권자에게 전달해야 한다.

이것이 '의존적 행위성'의 모델이다. 개인이 인지적 어려움 때문에 무능력자로 판단되더라도 본인만의 가치와 욕망을 지니고 있고, 그것이 다른 사람의 도움으로 표현될 수 있다면 그를 자율적이라고 봐야 한다. 의존적 상황에 있는 사람을 위한 윤리를 넘어서 실천적 정의로 이행하려면 단순히 돌보는 것을 넘어 그들의 의견을 잘 전달해서 공통의 결정에 포함시킴으로써 세계에 참여하도록 기회를 조성해야 한다.

의존적 행위성 모델은 동물에게도 마찬가지로 적용할 수 있으며, 동물을 향한 정의를 실천하려는 정치이론의 핵심이다. 감수성을 지닌 모든 존재와 인간이 함께 구성하는 공동체, 혼종 사회의 규칙은 구성원 모두가 주체적 행위를 할 수 있는가, 즉 '행위성'을 고려해서 결정해야 한다. 행위성은 동물에게 부여될 권리의 출발점이다. 비록 동물의 권리를 발견하고 형식화하는 것은 인간이기에 동물의 권리가 '인간에 의해 이해되고 부여'되는 것일지라도, 자연이 지닌 본래적 가치와 마찬가지로 동물의 권리는 '인간 중심적'이거나 인간의 관점에 국한되지 않는다.

정의는 인간이 아닌 존재에게 나누어진 권리의 총합이라는 제한적 의미가 아니라, 사회 구조 자체이다. 즉, 정의로운 사회는 혼종 공동체 구성원 모두의 이익이 동등하게 고려되는 사회이다. 차별을 받아들이는 사회는 부당하다. 권리는 사회의 모든 구성원을 차별로부터 보호하고 정의를 촉구하는 수단이다. 권리는 개별 존재 간의 동등한 대우를 전제하지 않지만, 인간에

의해 협상된 공존의 규칙이 각각의 구성원에 따라 정해지도록
해야 한다.

식물 역시 편견의 피해자가 될 수 있지만, '감수성'을 가진 존
재만이 편견의 피해를 개별적이고 주체적으로 겪는다. 감수성
은 살아가고자 하는 욕망, 자아실현의 욕망, 죽음에 대한 공포,
강제된 삶의 조건에 대한 저항, 즐거움, 협력의 의지, 관계를
형성하고자 하는 의지의 표현 모두를 포함한다. 따라서 식물에
관해서도 존중을 말해야 하지만 동물과 사람의 권익이 침해되
는 것은 정의의 측면에서 문제를 불러일으키므로 동물과 사람
이 실질적인 권리를 갖도록 촉구해야 한다. 단지 '의결권자agents
délibératif*'뿐만 아니라 각자가 지닌 삶의 철학을 표현하고 토론
할 수 있는 모든 사람과 모든 동물은 '도덕의 단순 수혜자patient
moral**'나 도덕과 권리의 대상에 머무르지 않고 '행위성'을 갖춘
정치적·도덕적 주체이다.

---

*   선에 대한 개념이 있으면서 나아가 공적으로 논증하면서 표현할 수 있는 도덕
적 행위자.

**   도덕적 수동 혹은 수혜자受動者는 인간 책임의 대상을 말한다. 아주 오랫동안
인간은 동물은 노넉석 고려의 대상이 아니고 따라서 '도덕적 수혜자'도 아니라고 생
각했다. 인간은 단지 동물에게 최소한의 간접적 의무만 있다고 생각했다. 톰 리건
Tom Regan과 같은 1세대 동물윤리학자들에게 동물은 '도덕적 수혜자'로 간주되었지
만 도덕적 행위자는 아니었다. 그러나 여기서는 도덕적 행위자가 되기 위해서 반드
시 인간이면서 의결권자일 필요는 없다는 것을 이야기하고 있다. 행위성이 있다면
동물을 도덕적 행위자로 생각할 수 있다.

정의는 모든 주체가 능력이나 자격 면에서 대칭적·상호적 상황에 있어야만 한다고 요구하지 않는다. 토머스 홉스Thomas Hobbes에서 존 롤스John Rawls에 이르는 자유주의 정치철학은 상호 등가교환이 특징인 사회성 모델에 기준을 두고 있다. 따라서 병, 사고, 장애, 나이 등의 조건이 취약한 상태여서 받은 것에 대해 동등한 가치를 되돌려 줄 수 없는, 상호호혜가 불가능한 상황을 고려하지 않는다. 그러나 취약한 상황이나 의존적 상황에 있는 사람들의 시민으로서의 권리 문제가 자유주의적 사회 구조를 변화시킨 이후로, 기계적 대칭성은 더 이상 정의의 조건이 아니다.

동물 문제의 정치화에 이러한 변화가 도움이 되고 있는 것은 사실이다. 그렇다고 동물의 지위와 의존 상황에 있는 인간의 지위를 혼동하는 것은 아니다. 동물윤리학에서 자주 사용되는 일명 '특수 사례 논리'를 남용하지 않기 위해서도 인간의 지위와 동물의 지위 사이의 구분은 필요하다. 인간은 사유와 언어 능력을 도덕적·법적 범주로 삼을 만큼 중시한다. 원숭이에게 행하는 온갖 실험을 뇌가 없는 아기나 뇌기능장애를 겪는 사람에게는 행하지 않는다. 그들이 원숭이 등 실험실 동물보다 덜 발달된 인지 능력을 갖고 있는데도 말이다. 이런 것을 '특수 사례 논리'라 하고, 이런 논리는 원칙과 사실 사이의 모순을 고발하는 데 유용하다.

인간종이라는 범주나 상호등가교환에 근거한 정의의 개념을 포기하지 않는 한 약한 사람과 동물을 위한 어떤 정의도 있을 수 없다. 이러한 정의는 인간이 이런 정의 실현을 결정할 때만 가능하다. 결함이나 장애가 있는 사람들 또한 시민인 것과 달리 동물은 시민이 아니다. 동물이 인간과 동등한 것을 원하지 않기 때문이기도 하지만 동물이 인간과는 다른 방식으로 세상을 인지하기 때문이다.

만약 인간이 요구한 행동을 수행한 원숭이에게 보상을 하지 않고 오히려 아무것도 하지 않은 다른 원숭이에게 보상을 하면 원숭이는 부당함을 느끼고 표현한다. 그러나 원숭이는 이러한 부당한 불공평함을 본인이나 직접적으로 알고 있는 존재들만을 위해 느낀다.

인간의 경우는 심각한 장애를 가지고 있더라도 자신에게 일어난 일의 부당함을 자신만을 위해 느끼는 것이 아니라 그가 속한 공동체, 즉 장애로 고통받는 다른 사람들의 공동체, 혹은 소수자들의 공동체, 한 국가의 시민 전체, 나아가 인류 전체를 위해서도 느낄 수 있다. 개인을 둘러싼 좁은 범위를 넘어서는 공동체에 본인의 정체성을 연결해 생각하는 능력은 인류 고유의 것이다. 인간은 아직 태어나지도 않은 존재, 혹은 멀리 살고 또 너무 많아서 일일이 머릿속에 떠올릴 수조차 없는 존재와도 자신이 연결되어 있다고 느끼고, 그들에게 공감할 수 있는 능력을 지녔다. 이러한 인류의 사고방식은 우리가 직접적으로 속하지 않은 시공간과 기억에 우리 자신을 투사할 수 있는 잠재력, 이러한 인간의 정체성을 형성해 온 역사와도 관련된다. 심각한 중증장애를 앓는 사람도 인류에 대한 범죄 행위를 들으면 동요한다. 이런 경험은 자신과 세계에 대한 인식을 변화시킬 수 있다. 개인의 정체성은 공동체와 연결되어 있기에 폭넓은 층이 있으며, 이러한 개인의 정체성이 인간의 삶에 정치적 의미를 부여한다. 인간만이 유일하게 모든 생명체의 책임자가 될 수 있고 모든 생명체와 함께 정치적 공동체에 소속될 수 있다.

따라서 인간과 동물이 함께하는 정치 공동체의 정의를 이루기 위해 동물이 인간과 똑같이 시민이어야 하는 것은 아니다. 우리가 동물의 권익이 인정되기를 원한다면, 그리고 인간이 동물에게 해야 할 일과 하지 말아야 할 일이 바르게 결정되기를 원한다면, 또한 동물이 보호될 수 있는 권리가 그들에게 실제로 분배되길 원한다면 인간의 지위와 동물의 지위 사이의 혼동을 피해야 한다. 따라서 '동물정치'가 혼란스러운 개념으로 남는 것이 아니라 인간의 권리와 동물의 권익의 조화를 꾀하는 민주사회를 의미하는 것이 되기 위해서, 동물정치 이론이 필요로 하는 것과 이를 진지하게 다루는 국가의 모습은 어떠할지 생각해 보아야 한다.

동물주의 선언

동물의
권리와
인간의 책임

　우리는 그 어느 때보다 동물의 삶과 죽음에 대해서 많은 토론을 하고 있지만, 현실적으로 바뀐 것은 아무것도 없다. 동물 문제를 정치적으로 다루고자 한다면 동물윤리학의 상대적 한계, 그리고 수십 억의 동물에게 용인되어서는 안 될 고통을 강요하는 동물 착취 시스템을 붕괴시키는 데 실패한 모든 법 이론에서 교훈을 얻어야 한다.

　동물 문제를 정치화한다는 것은 동물의 권익이 공익과 복지에 포함될 수 있도록 인간과 인간이 아닌 존재의 공존체계를 조직한다는 뜻이다. 정치화는 인간과 동물이 지구를 공유한다는 사실, 인간과 동물의 관계에서 인류는 동물에 대한 책임이 있을 뿐 아니라 그들의 권리를 명시하도록 하는 의무도 있다는 전제하에 시작된다.

동물보호의 고전 이론은 동물의 죽음과 신체절단, 감금 금지 등 신성불가침권을 보호하기 위한 기본적이고 보편적 기본권만을 동물에게 부여한다. 그러나 동물보호가 정치의 궁극적 목적에 명시되지 않는 한, 이러한 금지 조항은 그저 종잇조각에 불과하고 동물의 권리는 어떤 실질적인 효력도 갖지 못한다. 심지어 유럽연합의 지침들처럼, 이런 조치들은 그저 변명거리로 쓰일 수도 있다. 지침들은 제대로 적용되지 않을 뿐더러, 동물에게 조금 더 큰 공간을 부여하는 정도에 그치기 때문에 동물이 처한 삶의 조건을 전혀 개선하지 못한다.

인간이 위반해서는 안 되는 사항을 명시하는 정치 이론만이 자원 사용과 인간과 동물의 관계에서 인간의 이익만을 목적으로 하는 것이 아닌 정당한 사회를 건설하도록 인간을 이끌 수 있다. 동물의 권리에 대한 정치적 접근은 인간이 권리를 독점함으로써 인간의 지배를 암시하는 법적인 인식과 구별된다. 법적인 인식에 의해 인간은 인간의 목적에 따라 동물의 삶과 죽음을 결정하고, 이들을 단지 수동적 대상, 즉 애지중지의 대상이거나 경멸의 대상으로 규정지어 버린다.

동물정치가 인간이 동물과 맺고 있는 관계에서 출발한다는 말은 동물의 가치가 인간과의 관계에 따라 결정된다는 뜻이 아니다. 법으로 인간과 동물이 공존하는 규칙을 결정한다는 뜻이다. 동물의 행위성은 동물이 갖는 권리의 시작점이다. 다시 말해 인간은 동물이 인간에게 바라는 권리, 동물의 권리에 법적인 형태를 부여한다.

이와 관련해서 《동물정치공동체Zoopolis*》의 수 도널드슨Sue Donaldson과 월 킴리카Will Kymlicka가 발전시킨 '동물권의 상대성 이론'은 매우 타당하다. 단순한 금지 사항을 규정하는 데 머물지 않고 인간이 동물을 위해 행해야 하는 긍정적인 의무를 설명하는 담론으로 확장했기 때문이다. 이 책은 인간의 생존을 최우선으로 고려하지 않아도 되는 한, 인간이 동물의 권익을 보존하는 사회, 인간이 동물에게 저지르는 악행을 가능한 한 최소화하는 사회를 건설하기 위한 중요한 실마리를 제공한다.

도널드슨과 킴리카는 어떤 식의 '폐지론abolitionnisme**'이나 '비거니즘'도 권장하지 않는다. 그들은 인간이 동물에게 요구하는 어떤 행위, 예를 들면 시각장애인 안내견은 정당하다고 평가한다. 물론 이 부분은 해당 사례별로 토론할 만한 가치가 있다. 인간을 위한 치료적 목적으로 사용되는 동물이 사육되고 다루어지

---

* zoo는 동물학zooologie이라는 말의 접두사처럼 동물과 관련된 말로, 요즘은 흔히 동물원을 지칭하기도 한다. 폴리스polis는 고대 그리스어πόλις, pólis, 라틴어civitas에서 도시cité, 즉 시민들이 모여 정치를 하고 함께 살아가는 정치공동체를 의미한다._옮긴이 주

** 노예제 '폐지'를 모델로 하는 폐지론은 동물윤리학의 한 기류의 확장으로 볼 수 있다. 이 경향은 동물 착취의 완전한 철폐, 인간의 목적을 위해 동물을 수단으로 사용하는 모든 행위(사육, 동물실험, 가축화)의 완전 철폐를 주장한다. 폐지론은 동물복지주의에 반대하며 비거니즘과 연계한다.

는 방식이 중요하기 때문이다. 어찌되었든 동물권의 상대성 이론은 다양한 종류의 동물에 대한 인간의 구체적이고 다양한 의무를 강조하면서, 어떤 종류의 행위가 왜 반박불가의 명료한 동물 착취의 남용에 불과한지, 그리고 그것들이 왜 폐지되어야 하는지를 명백히 보여 준다.

저자들은 동물을 3가지 범주로 구분한다. 인간에게 의존하도록 길들여진 '반려동물', 자신의 기준에 따라 선택한 영토에서 살기를 바라는 '야생동물', 먹을 것을 찾기 위해 인간의 주거 지역 주변에 사는 '근접 야생동물animaux liminaires*'을 구별한다. 인간에게는 반려동물을 천적으로부터 보호하고 먹이고 돌봐야 할 의무가 있지만, 대초원에 살고 있는 영양이나 사슴에 대해서는 이러한 의무가 없다. 그렇다고 야생 지역에 대해 전혀 개입하지 않는 것이 만병통치약이라는 소리는 아니다. 오히려 그 반대이다. 인간에 의해 오염된 야생 지역은 회복되어야 하기 때문이다. 또한 쥐, 다람쥐, 여우와 같은 근접 야생동물이 인간의 주

---

* 일반적으로 근접 야생동물은 인간과 관계를 형성하기를 원하지 않고 인간이 길들일 수도 없지만 먹이를 찾기 위해 인간의 주거 지역 주변에 자리잡는다. 따라서 이들은 인간의 정원이나 숲 같은 공간을 인간과 공유한다. 길들여진 동물이나 야생동물과 구별되는 이 카테고리의 동물은 범위가 넓고 이질적이다. 설치류, 다람쥐, 여우 등을 생각해 볼 수 있다.
한국에서는 인간에게 해를 끼치는 인간 주거 지역 근처에 사는 야생동물을 일반적으로 '유해 조수'라고 하는데, 원어에는 해를 끼친다는 의미는 없다. 이 범주의 동물은 사람과 접촉은 있지만 관계 형성이나 가축화로 진전되지 않으면서 인간과 공간만 나누는 동물을 광범위하게 포괄한다. _옮긴이 주

동물주의 선언

거 지역에서 살 권리가 없는 것처럼 행동해서도 안 된다. 또한 과도한 번식은 인도적인 방식으로 조절할 수 있겠지만 물리적으로 해하거나 죽이는 것도 반드시 예외 상황이어야 한다.

세 가지 범주의 동물에 대한 인간의 의무를 밝히기 위해 저자들은 시민성 이론, 특히 다문화주의의 영향으로 혁신된 시민성 이론에 근거한다. 시민성 이론은 보편적 기본권과 개별권의 해석과 구분을 중심으로 형성된다. 뉴욕에 착륙하는 비행기에서 내린 모든 승객은 국적에 상관 없이 고문을 당하지 않을 권리라든가 노예제로부터 보호받을 기본적인 권리가 있다. 하지만 그렇다고 이러한 기본권이 그들에게 투표권이나 체류권을 부여하는 것은 아니다. 이러한 구분을 동물에게도 적용한다면, 각각의 차이에 따라 부여되는 권리를 다르게 하면서도 동물 모두에게 부여하는 동등한 기본권의 이론을 만들 수 있다.

도널드슨과 킴리카는 한 국가에 귀속되지 않는 사람들까지 포괄하는 이러한 주권 개념이 야생동물(인간과 관계 맺기를 원하지 않고, 그들의 영역에서 고유한 규칙을 가진 그들 자신의 사회를 구성하며 살아가기를 바라는)에게도 적용될 수 있다고 판단한다. 숲에 아무도 살고 있지 않은 것처럼 숲을 파괴하거나 동물을 그들이 속한 환경에서 강제로 분리해서 감금 포획하는 일은 부당하다. 주권 개념에는 각 공동체의 고유한 규칙에 대한 존중이 내포되어 있다. 그럼에도 불구하고 야생동물과 인간의 관계는 서로 알력을 다투고 때로는 전쟁을 선포하는 정당, 국가 등 인간

집단 사이의 관계와는 다르다.

근접 야생동물에 대한 인간의 의무는 보편적 기본권에 준하지만 반려동물에게 지켜야 하는 의무와는 다르다. 도널드슨과 킴리카는 근접 야생동물을 '체류권이 있는 이민자'에 비교한다. 이런 비교는 동물보호 활동가를 향해 빈대와 벼룩도 개처럼 똑같이 보호할 거냐며 빈정거리는 사람들에게 해 줄 수 있는 좋은 답변이 된다. 그럼에도 근접 야생동물들에게 체류자와 같은 합법적인 권리를 부여하는 것은 경우에 따라 난처한 일이 될 수 있다. 쥐를 죽이는 것을 예외적으로 정당화한다고 하더라고, 이민자를 죽이는 일은 받아들일 수 없기 때문이다.

정리하자면, 우리가 동물 문제를 정치의 주요 의제로 인정하고 난 후 마주치는 난제는 구체적으로 어떻게 동물을 정치에 포함시킬 것인가이다. 도널드슨과 킴리카가 제안하는 인간 범주의 구분을 동물에게도 적용하는 것은 인간과 동물이 정치적으로 평등하다는 것을 전제로 했을 때에만 가능하다. 그러나 인간과 동물 사이에는 넘어설 수 없는 비대칭성이 있다. 법률은 인간이 제정하지만 인간에게만 적용되지 않는다. 법률 제정에 있어 인간의 책임은 동물과 인간의 비대칭성의 예 중 결정적인 예일 뿐이다.

실정법이나 현행법권리는 말과 문서를 가정한다. 인간이 권리를 줄 때만 비로소 동물이 권리를 가질 수 있기 때문에 둘의 관계는 비대칭적이다. 동물의 권리와 이익이 공동체 권익에 포함되기 위해서 인간이 동물의 권리를 인정하고, 동물에게 하지 말아야 할 직간접적인 행동의 기준이 사회적 협의로 정해질 때 동물의 권리와 이익은 공동체의 권리와 이익에 포함될 수 있다. 이를 사회적으로 합의하기 위해서는 대부분 개별 사항마다 협상해야 한다. 즉, 동물에게 보다 정의로운 사회가 도래하려면 인간이 이를 원해야 한다는 의미이다. 이러한 사회가 도래하기를 원하는 사람들은 정치의 근본적인 목적과 의미뿐 아니라 그들의 경제활동과 일상생활에 영향을 줄 변화를 바라지 않는 사람들을 설득해 가면서 일을 진행해야 한다.

'동물정치공동체zoopolis'는 민주주의가 동물 문제를 진지하게 받아들여야 한다고 요구한다. 동물을 위한 정의의 정당성을 인정하지 않는 인류 공동체에게 동물의 정의를 이루고 장려하는 일을 민주적 규칙과 절차에 따라서 진행하자고 요구한다. 동물보호 활동가들은 공동체 내에 존재하는 서로 다른 다양한 생각을 존중해야 하며, 그들을 뽑아 준 유권자들의 이해관계에만 몰두하는 정치인으로 구성된 의회를 상대로 동물의 권익을 받아들이도록 설득해야 한다.

동물에게 정의로운 사회를 촉구하는 일은 동물 착취의 종말을 강력히 요구하는 일이지만 이 일은 인간의 대다수가 종차별주의자였다고 가정하는 일이 될 수 있다. 우리 사회는 아직 동물 착취의 완전한 종결을 주장할 수 있는 단계에 이르지 못했다. 그러나 동물해방을 위한 정치적 싸움을 진전시킬 수는 있다. 목적을 위해서 두 차원의 전략이 동시에 필요하다. 하나는 정책적 기반을 세우고, 문화적·윤리적 근간을 형성하는 일이다. 동물권익 운동과 동물을 위한 정당을 창립하는 것이 이 일에 기여할 수 있다. 다른 하나는 대의제도를 통해서 제도의 변화를 구하는 일이다.

세 가지
차원의
정치적 투쟁

　사회변혁을 위해서는 세 가지 차원의 정치적 투쟁을 진행해야 한다.

　첫 번째 차원은 규범적 차원으로 사회의 윤리적·철학적 기반과 관련이 있다.

　공동체의 권익에 동물의 권익을 포함시키는 원칙을 수립하는 일은 쉽게 이루어지지 않는다. 많은 인간의 이익을 거스르는 일인데다가 욕망은 우리 자신을 분열시키기 때문이다. 홉스가 말했듯이 우리가 오늘 원하는 것을 내일도 원할 거라고 확신할 수 없다. 분쟁이나 전쟁을 피해야 한다는 공공의 이익조차 개인 간의 합의를 도출하기가 쉽지 않다. 꿀벌이나 개미처럼 무엇이 집단 이익에 유리한지 즉각 알아차리는 집단생활을 하는 동물과 다르게, 인간 사회의 지속적인 평화와 정의 실현을 위해서는 정치제도와 법률 같은 강제적인 힘이 필요하다.

이는 정의와 대의를 위한 모든 싸움에 똑같이 적용된다. 사형제 폐지의 경우, 여론적 합의나 국민투표의 결과가 아니었다. 인간의 문명에 뿌리를 내린 보다 고귀한 무언가가 있다는 사실을 일깨운 합리적이고 논증적인 결단의 열매였다. 정의는 열정이 아니다. 정의의 원칙은 임의적으로 부과되지 않는다. 《양식들 Les nourritures》*에서 이미 밝혔던 것처럼, 정의의 원칙은 인간이라는 존재와 정치 단체의 의미를 밝히는 철학에 근거해서 생성된다. 또한, 마치 아무런 객관성도 없는 것처럼 느닷없이 발명되는 것이 아니라 의결에 의해 인정된다.

이런 근거 덕분에 사회계약이라는 틀이 타당한 것이다. 사회계약은 공공의 선은 처음부터 주어진 것이 아니라 발굴되고 제도화되어야 한다는 사람들 사이의 조약이다. 규범이자 국가의 인위적 성격을 강조하는, 사람들이 동의한 조약이다. 따라서 동물의 권익을 정치의 궁극적인 목적에 명시적으로 포함시켜야

---

* 코린 펠뤼송은 《양식들》에서 왜 환경 문제에 대한 인식은 현재의 민주주의를 변화시키지 못했는가를 질문한다. 환경윤리학의 상대적 실패는 환경학을 실존의 철학과 연계시켜 민주주의 혁신을 위해 어떤 가능성이 있는지 보여 주지 못했기 때문이라고 설명한다. 저자는 무엇으로 살아간다 혹은 무엇으로부터 살아간다는 존재의 물질성에 주목해서 살아가는 것 자체를 인간을 비롯한 생명체의 일종의 먹을거리, 삶의 영양분으로 간주한다. 다시 말해, 다른 존재와 필연적으로 연결되어 지구라는 공동의 공간에서 살아간다는 사실을 강조한다._옮긴이 주

동물주의 선언

한다. 정치 공동체의 정의의 기준이 되는 여러 원칙은 헌법에 속해 보증됨으로써 비로소 힘과 가시성을 확보하고 실현가능성을 갖게 된다.

사회변혁을 위해 변화되어야 하는 두 번째 차원은 대표기구이다. 국가의 합목적성이자 헌법 원리가 된 동물의 권익이 실제적으로 고려되기 위해, 동물이 처한 심각한 문제가 다양한 영역에 걸쳐서 조사되도록 하기 위해 현재의 대의민주주의를 보완해야 한다.

정치인들은 동물의 이익보다 그들을 뽑아 준 유권자의 이익을 더 살피게 마련이다. 동물 문제가 유권자의 당장의 이익에 밀려나지 않도록 동물의 권익이 공공정책의 영역에 포함되도록 살피는 일을 하는 사람들을 국회와 같은 의결기구의(주변이 아니라) 중심에 둘 필요가 있다. 이러한 업무를 맡은 사람들의 역할은 새로운 법률을 제정하는 것이라기보다는, 동물의 권익을 공익에 포함시킨 헌법에 위반되는 법률이 제정되는 것을 거부하거나 재조정하도록 요구하는 일이 될 것이다.

첫 단계는 동물 착취의 철폐가 아니라 동물 삶의 조건을 개선하는 것을 국가의 의무로 하는 일이다. 이들은 농업, 축산업, 스포츠, 문화, 교육, 운송수단, 상업 등에 관련된 모든 공공정책에서 명백한 동물학대로 간주되는 행위를 없애라고 강력하게 요구해야 한다. 또한 동물을 '사용'하는 행위에 있어 의미 있는 개선을 촉구하고 경제 관계자와 시민이 점차적으로 그들의 생산과 소비 방식을 바꾸도록 장려하는 역할을 한다. 이 같은 임무를 맡은 사람들은 주된 의견이 어떠하든 모든 의결과 결정을 거부할 권리가 있으므로 우선 감시 감독의 역할을 하지만 점차 역할의 확장을 꾀해야 한다. 이들은 의회를 통해 사회, 경제, 문화 영역에서 동물을 위한 대의가 점차적으로 자리 잡을 수 있도록 하고, 민주적 절차를 통해 동물에게 정의로운 사회로 전환해 나가는 데 중요한 역할을 해낼 것이다.

국회의원 곁에서 이러한 역할을 수행할 사람들은 동물복지를 위해 힘써온 사람 중에서 지명할 수 있는데, 이들은 대화의 윤리와 규칙을 존중하면서 정당하고 유려한 방법으로 정책에 개입해야 한다. 이들에게는 관용의 태도와 경청하는 능력은 물론, 논증하는 능력, 투명성 등이 필요하다. 또한, 공동체를 위해 의미 있는 것들을 생각하면서 자신의 관점을 넓힐 수 있는 능력, 새로운 여건에 따라 자신의 관점을 재검토할 수 있는 역량이 필요하다.

위에 열거한 능력을 갖추고 로비스트와 개인적 이익 갈등이 없다는 조건 아래, 동물행동학자나 동물실험에 대안을 제시할 수 있는 사람, 육식에 대해 다른 먹을거리를 제안할 수 있는 사람 중에서도 지명할 수 있다. 권력남용으로 인한 부정부패 등을 피하기 위해서 임의로 지정, 임명될 것이며 정해진 임기 동안만 수행한다. 연구자나 교사라면 임기 동안 휴직해야 하고, 프리랜서의 경우에는 임금이 지급된다.

세 번째 차원의 정치행동은 보편적이고 포괄적인 공적인 영역에서 이루어진다. 개개인, 평범한 시민, 정치인, 경제인, 이 모두가 동물을 도덕적으로 고려하면서 동물에게 보다 정의로운 사회를 만들기 위해서 할 수 있는 모든 일을 포괄한다. 동물 문제의 중요성과 보편성을 인식하게 할 수 있도록 돕는 문화적, 철학적, 예술적 활동은 사회변혁의 열쇠가 된다. 또한 동물의 권익을 대변할 수 있는 동물 정당의 창당은 다른 정당에게 동물 문제의 중요성을 환기시키고 공론화하는 데 기여할 수 있다.

동물
주의
-노예제 폐지를 통해 배운다

    동물주의란 동물의 권익을 지키기 위한 공동의 실천과 삶의 방식을 지키는 사람을 결집시키는 철학적, 사회·문화적, 정치적 운동이다. 동물주의는 '동물보호단체associations de protection animale[*],

---

[*]   19세기에 중점적으로 형성된 동물보호단체는 영국에서 특히 활발했다가 오늘날에는 전 세계로 확산되고 있다. 동물보호단체는 사육되는 동물과 학대당한 반려동물을 보호하고 쉼터를 제공하며 관련된 소송에서 이들을 대표한다. 또한 대중을 상대로 동물 문제에 대한 의식 캠페인을 벌이고 이미 존재하는 법을 존중하도록 촉구하거나 법을 개정하도록 공권력에게 압력을 행사한다. 동물보호단체의 방법, 철학, 목적은 모두 동일하지 않다. 1845년 에티엔 파리Étienne Paris와 파리세Pariset가 창립한 동물보호협회SPA, La Société de Protection des Animaux, 1967년 피터 로버츠Peter Roberts가 만든 농장업계에서 연민을 위한 모임CIWF, Compassion in World Farming의 프랑스 지부는 1994년 지슬렌 지콜로Ghislain Zuccolo가 농장동물의 세계적 보호PMAF, Protection Mondiale des Animaux de Ferme로 명명했다가 이어서 복지농장Welfarm으로 이름을 바꾼다. 1980년 잉그리드 뉴커크Ingrid E. Newkirk는 동물을 윤리적으로 대하는

82

를 포함하면서 이미 동물을 위한 삶을 실천하지만 앞에 나서지 않는 사람을 포괄한다. 이 사람들은 살아가는 곳곳에서 동물의 조건을 개선하기 위해 노력하고 부당한 동물 착취에 대항하여 싸운다.

동물주의자는 종차별 반대주의자이며 신념에 따라 비거니즘을 선택한다. 동물의 권익을 보호하기 위한 노력이 노예제, 인종차별주의, 성차별주의, 인간에 의한 인간 착취, 국가에 의한 국가 착취 등 모든 형태의 차별에 대항하는 투쟁의 역사에 속한다고 인식한다. 동물주의자는 동물권 보호와 인권 보호를 분리해서 생각하지 않는다.

동물주의자는 동물의 권익을 옹호하는 것이 곧 인간의 권익 옹호이며, 동물과 조화를 이루는 것이 인간과 인간이 서로 조화를 이루는 일이라 확신하고, 윤리와 정의에 동물을 포함하는 것이 휴머니즘의 혁신임을 알고 있다. 동물학대에 대항해 싸우는

사람들 페타PETA, People for Ethical Treatment of Animals를 창립한다. 1986년에 브리지트 바르도는 브리지트 바르도 재단La Fondation Brigitte Bardot을 만들었고, 1995년 뮤리엘 아르날Muriel Arnal은 동물들을 위한 동일한 하나의 목소리One Voice, Une seule et même voix pour les animaux를 1995년 장-피에르Jean-Pierre와 레아 허틴Reha Hutin은 3천만 친구들을 위한 재단La Fondation 30 millions d'amis, 세바스티안 아르삭Sébastien Arsac과 브리지트 고티에르Brigitte Gothière는 2008년 L214를 창립했다. 이 단체들은 모두 다른 목적과 행동방식을 따른다. 한 가지 목적만을 위해 설립된 단체도 있다. 투우반대 프랑스 단체CRAC, Association française anticorrida, 투우 폐지를 위한 투쟁연맹FLAC, Fédération des luttes pour l'abolition des corridas, 동물실험을 반대하는 일에 집중하는 안티도트 프랑스Antidote France 등이다.

일은 인간과 인간이 아닌 모든 존재에게 가해지는 각종 폭력에 저항하는 일이다. 동물주의는 생명의 유한성을 수용하고, 자연과 모든 생명체에 대한 책임과 삶에 대한 사랑을 포용하는 약한 생명을 위한 윤리학으로, 자기 통제의 필요, 타자에 대한 공포와 지배 욕구가 생산한 비인간화에 대항한다.

동물주의자는 그들이 역사의 흐름과 같은 방향으로 가고 있다는 확신을 갖는다. 동시에 동물의 정의를 실현하기 위해 필요한 변화가 기득권을 지닌 이익집단과 충돌함을 인정한다. 동물주의자는 바로 지금이 동물주의 운동을 알릴 때라고 판단하고 있다. 동물주의 운동은 새로운 인류학과 주체의 철학에 근거하며, 정치의 궁극적인 목적을 재형성하고, 민주주의를 재조직하고, 자본주의 이탈을 초래한다. 동물주의자는 동시대인이 동물주의 운동의 보편성과 동물주의가 포괄하는 대의를 아직 인정하지 않는다는 사실을 안다. 동물주의자는 스스로를 선구자로 인식하면서 말과 행동에서 민주주의 규칙, 다원주의, 비폭력 원칙을 지향한다.

동물주의자는 자신의 윤리, 정치적 신념과 행동을 일치시키면서, 다른 사람을 부드럽게 설득하려고 노력한다. 기회가 있을 때면 동물을 사용한 음식, 패션 등 동물로부터 생산한 것을 사용하는 일, 동물실험에 대안이 있음을 알리려 노력한다. 비거니즘을 실천하는 동시에 관련된 정보, 즉 비타민 B_{12}를 섭취할 필요성 등 채식 생활 전반에 대한 정보, 영양학과 요리법에 대한 조언, 비건의 신념에 일치하는 소비를 할 수 있는 장소와 방법에 대한 다양한 정보를 주위 사람과 공유한다. 이는 윤리적이고 정치적인 소신을 보여 주는 행동이다.

동물주의자는 이 싸움에서 이길 것이라 믿는다. 일상적으로 동물을 착취하고, 동물을 죽여서 얻은 고기를 먹고, 동물에게 고통스러운 실험을 자행하는 행위가 도덕적으로 문제가 있음을 언젠가는 다수의 사람이 이해하게 될 것이라고 생각한다. 이러한 인식 전환은 자연법*의 기본적인 변화를 촉구하게 될 것이다. 감수성을 지닌 존재를 착취하는 행위는 더 이상 합법적인 일이 될 수 없을 것이다.

우리가 살아 있는 동안 동물 착취의 종말을 볼 수 있을지는 확실하지 않다. 그 누구도 시간이 얼마나 필요한지 장담할 수 없다. 확실한 것은 동물주의 운동은 이미 무르익었고, 정치에 뛰어들 준비가 되었다는 점이다. 동물주의자들이 조직되고, 이들 사이의 분열이 전체 운동의 목적을 위태롭게 하지 않고, 각자 있어야 할 자리와 역할을 숙지한다면, 각자 속한 국가와 세계에서, 미디어에서, 동시대 시민과 정치인, 다양한 영역의 경제인에게 동물주의 운동이 지향하는 바를 이해시킬 수 있다. 동물주의자는 인간은 물론, 인간 이외의 모든 생명체의 착취를 기

---

* 자연적 성질에 바탕을 둔 보편적이고 항구적인 법률 및 규범. 항구적이라고는 하지만 시대정신의 흐름에 따라 다양한 변화를 겪어 왔다._편집자 주

반으로 건설된 체제를 붕괴시키고, 점진적으로 다른 발전 모델을 향해 나아가도록 하는 데 기여할 수 있다.

인종적 편견에서 온전히 자유롭지 못했던 한 사람 덕분에 노예제가 폐지되었다고 말하곤 한다. 사실, 에이브러햄 링컨이 미국의 대통령으로 선출되었을 때, 동물주의자이자 민주주의 체제의 시민인 우리가 오늘날 마주하고 있는 딜레마와 비슷한 딜레마를 그는 마주해야만 했다.

대통령으로서 링컨의 임무는 주정부의 자율성이 보장되는 1787년 헌법을 지키는 것이었다. 다시 말하면, 남부의 주정부들이 노예제를 유지할 수 있는 권리를 존중하는 일이었다. 하지만 링컨은 마음 속 깊이 노예제를 도덕적, 사회적, 정치적 악이라고 생각했다. 비록 초기에는 해방된 흑인 노예들 역시 동등한 시민권을 누릴 수 있다고 생각하지 않았더라도 말이다. 대통령 취임 연설에서, 링컨은 남부가 깊이 연루된 이 '특별한 제도'를 지지하는 척 했다. 미국 연방의 결집을 도모하는 사람으로서 본인의 신념에 따른 정치를 할 수 없는 것처럼 행동했다. 1년 후, 미국은 전쟁 중*이었고 1862년 12월 1일에 링컨은 배상을 동반한 노예해방 계획을 제시한다.

---

* 미국 남북전쟁은 1861년 4월 발발하여 1865년 4월까지 지속되었다. 링컨은 1861년 3월부터 1865년 4월 14일 암살당해 다음 날 숨을 거둘 때까지 대통령 직을 수행했다._옮긴이 주

동물주의 선언

링컨의 의회 메시지는 미연방을 유지하려는 의지와 더불어 노예제 폐지는 피할 수 없는 일이며 인류의 미래라고 국민을 설득하려는 의지를 담았다. 불화 속에서도 합의점을 찾으려 애쓰면서, 링컨은 북부의 연방주의에 충실한 노예주들에게 배상을 제안한다. 노예제 폐지를 위해 합의된 유예 기간을 제시함으로써 양립할 수 없는 입장에 처했던 양쪽 모두를 안심시켰다. 폐지를 원했던 사람들 입장에서는 어찌 되었거나 폐지가 예정된 일이라는 것을 알았고, 노예제 폐지를 받아들이지 않았던 다른 한 편의 사람들은 그들이 죽은 뒤에나 일어날 일이기 때문에 이 문제를 고민하지 않았던 것이다.

그 전인 1862년 9월 22일 발의된 〈노예해방선언〉에는 노예주에게 어떤 배상도 없었다. 해방된 노예에게 미국시민권을 보장하지도 않았고, 노예제를 금지하지도 않았다. 게다가 〈노예해방선언〉은 연방국가의 통제 아래에 있는 주에서만 실행되었다. 노예제가 모든 연방에서 불법이 되기까지는 3년 후, 13번째 헌법 개정까지 기다려야 했다.

링컨이 1862년 12월 1일에 제시한 배상을 동반한 점진적 해방은 링컨이 처음에 생각했던 방향으로 진행된 것은 아니지만 아무런 의미가 없는 것도 아니었다. 배상을 동반한 점진적 노예해방 전략은 동물주의자들이 싸움을 진전시킬 수 있는 전략, 특히 어려운 문제인 축산업에 관한 전략에 좋은 예가 될 수 있다.

실제로 축산업자와 협력하지 않으면 고기를 얻기 위해 길러지는 농장동물의 삶과 죽음의 조건은 전혀 달라지지 않을 것이다. 축산업자는 적이 아니며 동물주의자에게 적으로 지명되어서도 안 된다. 축산업자는 경쟁에서 살아남기 위해 동물을 학대할 수밖에 없도록 그들을 몰아가는 체제의 피해자일 뿐이다. 동물주의의 목적은 민주적으로 동물 착취의 종말에 도달하는 것이다.

가깝고도 먼
정치 투쟁의
길

동물주의가 단지 학문적·문화적·도덕적 운동에 그치지 않고 사회·정치적으로 실질적인 영향력을 가지려면, 장기적이고 단기적인, 즉 이중적인 전망을 모두 가져야 한다. 장기적 전망은 동물 착취의 종말을, 단기적 전망은 빠른 시간 내에 동물의 삶을 개선하기 위한 수많은 결정을 이루어 내고, 동물에게 보다 정당한 사회로의 전환을 도모하는 것이다.

이런 이중적 전망에 대한 인식은 동물 착취를 온전히 폐지하자는 입장과 동물의 복지와 후생bien-être des animaux에 관련된 조건을 개선하는 데 만족하고 동물 착취 그 자체에는 문제를 제기하지 않는 동물복지주의 사이의 대립을 극복한다. 사고와 정치 행동을 두 시기로 나눠서 구분하는 것은 사람들, 미디어, 동물보호단체, 연구가들이 동물 착취의 종말을 원하고 동물 착취의 남용을 고발하거나 동물의 운명을 개선할 수 있는 실천과 입법을 동일하게 요구하지 않는다는 사실을 전제한다. 모두 각각의 중요성과 해야 하는 역할이 있다. 개개인이 각자의 지식, 경험, 재능, 지위와 사회 관계에 맞게 동물의 권익을 옹호하기 위해 할 수 있는 방법을 생각하는 것이 중요하다.

동물 문제의 정치화는, 동물 착취의 폐지는 이론적으로만 가능하고, 동물을 위한 정치적 행동은 복지주의까지만이라고 가정하지 않는다. 상투적인 한계론에서 벗어나 더 이상 아무도 동물 문제를 별것 아닌 문제, 정치 주변적인 문제에 불과하다고 치부해 버릴 수 없게 되는 바로 그 순간에 제시할 의미 있고 구체적인 제안 목록을 작성해 두어야 한다.

몇 가지 차원에서 동물 문제를 정치의 중심 의제로 만들 방법을 제안할 수 있다. 첫째, 동물을 위한 실천적 제안이 어떤 그룹의 이익이나 주장과 부딪히더라도, 그중 일부는 동물주의를 지향하지 않더라도 모두에게 광범위한 동의를 얻고 즉각적으로 적용될 수 있어야 한다. 둘째, 축산업처럼 모두에게 동의를 얻을 수 없는 일은 종사자들에게 전업하는 데 필요한 지원과 기간을 명시하면서 점진적으로 실행되어야 한다. 마지막으로, 인간의 의식을 변화시키고 나아가 모든 사람이 동물 착취의 종말이 당연한 일로 여겨질 수 있도록 문화와 교육 영역에서 어떤 작업이 필요한지 생각해야 한다.

3부

동물권리 실현을 위한 구체적 제안

1

당장 합의 가능한
실제적이고
절박한 요구들

동물에게 불필요하고 엄청난 고통을 가하는 행위를 철폐하는 것은 단기간 내에 대다수 시민의 동의를 얻을 수 있다. 대다수의 동의를 얻을 수 있다는 것은 존 롤스가 《정의론Théorie de la justice》에서 말한 "무지의 장막 뒤에서*"처럼, 개개인이 지닌 경제적·직업적 이익과 이데올로기적 입장을 무시한 채 모든 사람

---

*　"무지의 장막veil of ignorance"은 존 롤스가 홉스, 로크 등이 발전시킨 개념을 가져와서 《정의론》에서 형식화한 철학 개념이다. 어떤 문제의 도덕성을 구성하기 위한 방법으로 각자의 사유 경험에 기대어 일종의 원초적 입장인 개인의 취향, 이해, 직업적 상황을 비롯한 다른 조건이나 입장을 배제하는 것이다. 여타 조건에 '무지의 장막'을 치고 개인의 이익과 사회적 체제를 분리하는 방법이다. 이처럼 장막 뒤에서 개인이 속한 계층 및 다른 모든 조건을 알 수 없는 상황이라면 아마도 조화롭고 평등한 사회계약을 체결할 수 있을 것이라 본다._옮긴이 주

이 즉각적으로 동의할 것이라는 의미는 아니다. 사회적으로 과연 무엇이 정당한 것인가, 무엇이 합리적이고 시의 적절한 변화인가를 결정하기 위해서는 먼저 각자가 무엇이 공동체를 위한 것인가를 자문할 필요가 있다.

수족관에 전시하거나 서커스를 위해 야생동물을 포획·감금하고, 투우, 투견, 투계처럼 쇼를 위해 동물에게 싸움을 붙이고, 말을 타고 하는 사냥이나 푸아그라 생산, 모피산업 등은 정당화하기 어려운 행위이다. 이런 잔인한 행위는 공동체를 위해 유용하다는 이유로 정당화될 수 없다. 이러한 잔인한 행위를 묵과하는 것은 습관적으로 받아들이고 있기 때문이거나 왜곡된 정보 탓이거나 잔혹한 행위가 감춰져 있기 때문이다. 동물을 존중하도록 요구하는 원칙들이 무시되고 있는 것은 아닌지를 상기시키면서, 이러한 행위들의 가려진 뒷모습을 철저히 밝혀내 알려야 한다.

이런 산업이 금지되거나 사라지면 이 산업의 종사자들, 즉 연구를 하거나 돈과 능력을 투자한 사람들은 심각한 타격을 받을 수밖에 없다. 때문에 그들은 적어도 초반에는 이 일이 완전히 사라질 수 있다는 가능성 자체를 받아들이려 하지 않는다. 따라서 어떤 산업을 금지하는 제안을 할 때에는 동시에 이들이 새로운 산업으로 전환할 수 있도록 경제적 지원과 도움을 제공해야 한다. 동물에게 정의로운 사회는 인간에게도 정의로운 사회이기 때문에 관련 산업 종사자가 직업을 바꾸는 과정이 그들에게 고통을 주거나 그들로 하여금 일종의 응징이라고 느끼게 해서는 안 된다. 오히려 이 사람들의 삶이 보다 만족스러워지고, 그들 스스로의 가치를 긍정할 수 있는 경험이 되어야 한다.

동물에게 보다 정의로운 사회를 건설하는 데 있어 중요한 장애물 중 하나는 동물 착취를 기반으로 하는 산업에 종사하는 사람들의 저항이다. 이를 극복하려면, 이들의 반발이 정상적인 반응이라고 이해해야 한다. 현재 인간 사회는 동물을 도구로 생각하는 종차별주의에 기반하여 건설되었기 때문에 동물의 권익을 옹호하는 것은 사회를 송두리째 뒤흔드는 일이다. 따라서 동물의 권익을 옹호하고 동물에게 정의로운 사회를 원하는 사람은 사회 각층에서 일어나는 반발, 때로는 매우 폭력적일 수도 있는 반발에 놀라거나 분노하지 말아야 한다. 동물을 착취하는 것이 정당화되는 사회에서 자신의 기반을 마련해 온 사람들의 정체성, 삶, 역사가 문제화되는 일이기 때문이다. 그러므로 이들을 동물의 악독한 고문관이라도 되는 양 적으로 간주하는 오류를 범하지 말고 새롭게 도래할 정의로운 사회에서 그들이 어떻게 자리잡을 수 있을지 생각해야 한다.

야생동물을 감금하는 일의 종결

서커스와 동물원은 야생동물을 감금해서 존중 없이 그들의 삶을 빼앗고 있다. 야생동물은 조직적으로 진행된 사냥에서 그들의 자연환경으로부터(일본 다이지 만*에서 볼 수 있는 것처럼), 처참하게 학살된 다른 가족으로부터 억지로 분리된다. 동물원이나 수족관에 감금된 어미에게서 태어났다고 하더라도 맹수, 늑대, 원숭이, 코끼리, 얼룩말, 곰, 돌고래, 범고래 등의 야생동물이 갇혀 있어야 할 아무런 이유도 없다.

감금된 동물은 죽음을 부를 정도의 깊은 지루함을 견디지 못한 나머지 정신적으로 문제가 생기고, 그 결과로 비참함을 몸으로 증언하는 '정형행동'을 한다. 어떤 고래도 수족관에서 행복할 수 없다. 고래가 갇혀 있는, 염소 처리된 수족관은 그들이 필요로 하는 환경이 아니다. 수족관이 등장한 것은 19세기 중반 무렵이고, 특히 20세기 1930년대 말에 엄청나게 증가한다. 현재 프랑스에는 앙티브Antibes에 있는 마린랜드Marineland, 낭트Nantes 근처 포트 생 페르Port-Saint-Père에 있는 야생지구Planète Sauvage, 파리 외곽 지역에 있는 아스테릭스 공원Parc Astérix, 프랑스령 폴리네시아Polynésie française에 있는 모레아 돌고래 센터Moorea Dolphin Centre 이렇게 4개의 수족관이 있다. 수족관은 브라질, 칠레, 키프로스, 크로아티아, 코스타리카, 헝가리, 인도, 스위스, 슬로베니아에서는 금지되었고, 영국 의회는 수족관 개장을 중지하라는 압력

---

* 일본 와카야마 현의 한 지역으로 전통적 포경 방식의 발생지로 알려져 있다. 매년 무자비한 돌고래 학살로 구설수에 오른다._옮긴이 주

을 받고 있다. 미국에서는 가브리엘라Gabliela Cowperrhwaite 감독의
다큐멘터리 〈블랙피쉬Blackfish〉가 개봉된 이후, 수많은 수족관이
폐장했다. 다큐멘터리는 두 살에 잡혀와 감금되어 살아가는 동
안 3명의 인간을 죽인 수컷 범고래 틸리쿰Tilikum의 삶을 다루고
있다.

　돌고래와 범고래는 사냥하거나 짝짓기 위해, 또는 영역을 효
과적으로 구분하기 위해 수중음파 탐지 기능을 이용해서 심해
를 수색한다. 그들은 하루에 100~150킬로미터를 횡단할 수 있
는 대양에서 살아야 한다. 수족관의 음악이나 사람들이 내는 소
음은 감금되어 있는 고래의 혼란을 가중시키고, 더구나 언어가
서로 다른 종의 고래들과 함께 사는 환경이 주는 스트레스로 인
해 공격적인 행동을 보이게 된다. 게다가 훈련을 위해서 때때로
배고픔에 시달린다. 조악한 환경에서 오는 총체적인 불만족은
고래를 우울증에 빠뜨리고 정신병에 걸리게 한다.

　항우울증 약을 투여하기 때문에 고래의 정신은 이미 혼미해
진 상태이다. 게다가 고래 간의 싸움 때문에 생긴 상처, 수족관
벽에 부딪히면서 생긴 상처, 철로 된 울타리를 씹어서 손상된
치아 등의 이유로 항생제도 항상 과도하게 투여된다. 성생활을
통제하기 위해 호르몬제도 투여된다. 출산은 대개 인공수정으
로 이루어지기 때문에 고래의 성생활은 억압된다. 사람이 수족
관 유리 건너로 듣는 고래가 턱을 부딪혀 내는 소리는 일상적으
로 일어나는 고래 사이의 싸움 소리이다. 우울한 고래들은 빙빙

맴돌거나 절망에 빠져 버린다. 이런 일은 공간 부족과 운동 부족으로 등지느러미가 굽어 버린 범고래에게 자주 일어난다.

돌고래와 범고래 쇼를 보러 오는 사람들은 섬세하고 영민한 이 동물을 사랑한다. 대중은 고래가 자발적으로 쇼를 한다고 생각하고, 고래와 조련사 사이의 유대에 찬사를 보낸다. 대중은 고래가 얼마나 고통받는지 모른다. 조련사가 시키는 대로 물 밖으로 나온 고래는 내장기관이 오그라들고 햇빛에 타는 것을 감당해야 한다. 고래를 뛰어 오르게 하거나 수족관의 가장자리로 올라오게 하기 위해서는 먹을 것을 주지 않거나 고립시켜 벌을 주거나 죽은 생선을 던져 주는 등의 보상 행위로 고래에게 모욕을 주어야 한다는 사실을 사람들은 모른다.

동물에게 쇼를 시키기 위한 조련의 공통점은 그들을 모욕하는 것이다. 동물의 본능을 억누르고 의지를 꺾은 다음, 복종의 대가로 먹이를 주거나 채찍질을 하는 식으로 오랜 시간 훈련한다. 그런 훈련이 없다면 어떤 호랑이도 불이 붙은 고리를 통과하려고 들지 않을 것이다. 프랑스의 경우, 감금되어 조련되는 동물이 굶거나 일상적으로 채찍질을 당하지는 않는다. 하지만 동물은 정해진 쇼를 수행하면서 불행과 절망 속에서 살며, 때로는 웃음거리가 되도록 강요되기도 하는데 그런 것은 동물의 존엄성을 훼손하는 일이다. 동물을 감금하는 동물원, 동물을 조련하는 서커스는 동물 존중과는 반대되는 일이다.

조련은 폭력의 다른 말이다. 동물을 조련하는 것은 동물을 노예로 만들어 야생의 힘을 갖고 싶어하는 인간의 욕망을 반영한다는 점에서 그렇다. 이러한 폭력은 덫에 걸린 아름다운 생명체, 굴복된 힘, 맹수에 지배당할 줄 알았던 인간이 오히려 정복된 동물을 보러 오는 감탄, 그리고 욕망과 맞닿아 있다. 동물서커스를 보는 행위는 이러한 왜곡된 욕망과 지배를 신성시하고 예술로 만드는 일이다. 동물은 자발적으로 그곳에서 일하는 것이 아니라, 인간의 힘을 빛나게 하기 위한 도구로 놓여져 있을 뿐이다. 위엄 있는 동물이 치러야 하는 대가는 결핍과 권태로운 삶, 때로는 구타당하는 삶, 자신이 영원히 자연적인 환경으로부터 격리되었음을 느껴야 하는 것이다. 겨우 하루를 버틸 양식을 위해, 감수성 있는 존재인 동물에게서 '자유'라는 자연권을 박탈한 인간의 의지에 종속되도록 강요당하는 삶이다.

이 모든 근거는 동물의 서커스 공연, 동물원, 동물체험관, 수족관을 하루라도 빨리 폐쇄해야 한다는 당위성을 증명한다. 원래의 환경으로 당장 돌아갈 수 없는 포획 상태의 동물은 기본적인 필요조건이 충족될 수 있는 야생동물보호구역으로 옮겨야 한다. 바다에 임시로라도 보호구역을 만들어 감금된 수족관에서 태어난 고래들이 서로 이해할 수 있는 다른 동물과 접촉할 수 있도록 환경을 만들어 주어야 한다. 이들이 대양으로 돌아갈 수 있도록 할 수 있는 모든 일을 해야 한다.

이러한 시설의 사육사, 조련사, 연구원 등은 동물을 자연으로 돌려보내는 일을 돕고, 환경오염의 피해자인 야생동물 보존을 위해 일하고, 자신들의 경험을 대중과 공유하면서 그들의 지식에 가치를 부여하면 된다. 조련사의 경우, 동물을 이용해 이익을 얻는 것이 아닌 동물을 존중하고 도우려는 목적에서, 동물의 고유한 감정에 대해 많은 정보를 제공할 수 있을 것이다.

동물원의 경우, 동물 감옥과 멸종되어 가는 동물을 보호하기 위한 시설은 구분해야 한다. 그럼에도 맹수, 곰, 늑대, 코끼리 등에게 필요한 공간과 삶의 환경은 인간이 만들어 낼 수 없다는 것을 인정해야 한다. 동물을 가두는 것은 기본적으로 문제이지만 특히 파리 식물원Jardin des plantes de Paris처럼 동물 우리가 너무 작다면 정말이지 문제일 수밖에 없다.* 파리식물원은 매우 아름다운 장소로 릴케가 우울한 표범에게 경의를 표하는 시를 쓰는 데 영감을 주었다. 그런데 릴케가 시를 바친 우울한 표범 이후로도 이 울타리에 갇힌 수없이 많은 동물들은 변함 없이 불행을 겪고 있다. 이곳은 자연 유산으로 지정되었기 때문에 동물을 위해 공간을 재정비하는 것은 불가능하다. 어떤 장소가 보존되어야 한다는 이유로 동물이 이토록 좁은 공간에서 고통을 감내해야 한다는 사실에 분노를 금할 수 없다! 비좁은 동물 우리를 개선할

---

* 한국의 동물원도 같은 문제를 겪고 있다. 최근에는 동물원에 대한 시민 인식의 향상으로 시설 면에서 개선이 이루어지고 있지만 여전히 열악하다. 게다가 체험교육을 빙자한 실내 동물원 등 동물이 생활하기에 열악한 유사 동물원이 우후죽순 생기면서 새로운 사회 문제로 떠오르고 있다._편집자 주

수 없다면 그 장소는 그냥 빈 채로 두어야 한다. 동물원 측은 동물이 지루함과 외로움으로 고통스럽지 않도록, 안락한 생활이 가능하도록 할 수 있는 모든 일을 해야 한다. 2014년 코펜하겐 동물원에서는 유전적 다양성을 충분히 제공하지 못한다는 이유로 새끼 기린을 안락사시켰다. 이처럼 말도 안 되는 이유로 어떤 동물도 죽임을 당해서는 안 된다.

동물원은 동물원에서 태어나는 새끼들이 멸종위기에 처한 동물 종을 보존한다는 이유로 동물원의 정당성을 주장한다. 그러나 그것은 일부에 불과하다. 이들을 감금하는 것은 일시적이어야 하며, 궁극적으로는 원래의 자연환경으로 돌려 보내야 한다. 사육사의 지식과 경험은 자연으로 돌려 보내는 데 큰 도움이 될 것이다. 동물원이 아이들의 교육에 도움을 준다는 주장도 거짓말이다. 이런 주장은 관객의 호기심을 만족시키기 위해서 동물을 감금하는 것이 정당하다는 말일 뿐이다. 요즘은 수준 높은 자연 다큐멘터리를 통해서 야생동물에 대해 더 잘 알 수 있다. 동물원이 교육에 효과적이라는 주장은 동물원의 영리 사업을 어떻게든 감추려는 변명일 뿐이며, 더 심각한 건 이런 주장이 현실의 도덕적인 문제를 지워 버리는 데 이용된다는 점이다.

동물원을 방문하는 사람은 야생동물이 눈앞에 있다는 사실, 두려움 없이 여가 삼아 동물을 관찰할 수 있다는 사실에 만족한다. 이런 광경은 인식의 분열을 강화해 우리가 응당 느껴야 할 연민을 억눌러 버린다. 동물원 관람은 이러한 분열을 전제로 한

동물주의 선언

다. 다시 말해, 우리가 분열되어 있어야만 감수성 있는 존재가 포획되어 있다는 사실을 비로소 즐길 수 있다는 말이다. 동물원은 이분법, 즉 다른 존재는 갇혀 있고 나는 자유롭다는 사실에 근거해 유지된다. 다른 존재, 즉 동물이 울타리에 갇혀 원하는 곳에 갈 수도, 본능에 걸맞게 뛰어다닐 수도 없는 것을 보면서 인간은 자신의 자유에 더 기뻐하며, 나아가 갇힌 존재를 안전하게 관찰할 수 있음에 만족한다. 동물원은 동물에 대한 사람들의 우월감을 부추긴다. 돌출된 엉덩이와 발달된 허리 부분이 특징이었던 신체 때문에 볼거리가 되었던 '호텐토트 비너스Vénus Hottentote'라 불렸던 '세라 사르지에 바트먼Sarah Saartjie Baartman[*]'을 떠올려 보자. 예전 전시회장에서는 인간도 볼거리가 되어 관객의 관음증 대상이 되었다. 그때 전시된 사람을 보면서 느꼈던 것과 비슷한 감정을 사람은 지금 동물원에 감금된 동물을 보면서 느낀다.

---

[*] 현재의 남아프리카공화국 지역의 중심부, 가장 오래된 남부 아프리카 지역의 코이코이족인 세라 사르지에 바트먼은 1789년에 태어난 것으로 추정된다. 그녀의 특이한 외모는 유럽으로 팔려가서 서커스, 광장 등에서 나체로 인간 전시물로 볼거리가 되었고, 동물 상인에게 팔려 다니기도 했다. 인간 전시는 인종차별을 정당화하는 도구가 되었다. 지금은 인종차별의 전형적인 예로 받아들여진다._옮긴이 주

투우와 동물싸움 금지

믿을 수 없을 만큼 잔인한 동물 쇼인 투우 경기는 경기 운영과 적자를 메우기 위해 시의 공공자금을 사용하는데 수익은 점점 줄어들고 있다. 투우는 흔히 이란에서 로마로 건너온 미트라밀교Culte de Mithra의 유산으로 소개되고는 하지만, 사실은 도살장의 도살 방법을 바탕으로 18세기에 발명된 '죽이는 과정'을 보여 주는 행위일 뿐이다. 초식동물과 무장한 인간 사이의 불평등한 싸움을 금지하기 위해서는 「프랑스 형사법규 521-1」에서 7항을 삭제하기만 하면 된다.

이 법규의 1항은 다음과 같다. "가축, 길들인 동물 혹은 감금 상태의 동물을 향해, 공개적으로든 아니든, 가혹행위, 성적행위, 잔인한 행위를 저지른 자는 2년의 징역과 30,000유로의 벌금형에 처한다." 그런데 1951년 4월 24일에 발의된 「라마로니수베Ramarony-Sourbet」법은 하나의 예외를 둔다. "이 법규의 조항은 확고히 계승되는 지역 전통일 경우, 투우 경기에는 적용되지 않는다." 프랑스에서 투우는 남부의 11개 주를 제외하고 형사 처벌되는 범죄이니 이 조항이 삭제되면 투우를 전면 금지할 수 있을 뿐 아니라 국토 전역에서 법의 조화를 이룰 수 있다. 권리 국가에서 법적인 조화는 당연히 이루어져야 한다.

투우를 폐지하는 것은 도덕적·정치적·전략적으로 매우 중요한 쟁점이다. 투우로 희생되는 동물의 수만 따지면 사육이나 동물실험으로 인한 동물의 희생보다는 적지만 투우는 동물에 대한 폭력을 예술로 정의해 특권을 부여하고 찬양하면서 고무한다. 투우는 인간이 감수성 있는 다른 존재를 인간의 배려 영역에 포함시키기 위해 인간이 당연히 해야 하는 노력, 즉 생명체를 존중하는 문화를 발전시키려는 노력과 모순된다.

수족관이나 서커스를 보러 가는 사람 중 다수는 동물을 사랑하지만 막상 동물이 처한 상황에 대해서는 모르는 경우이다. 하지만 '투우 경기 애호가aficionados'는 비참하게 고문당하고 고통 속에 죽어 가는 동물을 보고 즐기기 위해 돈을 낸다. 게다가 황소가 포악하다고 생각하고 싶어 한다. 투우는 황소에 대해서 온전히 잘못된 이미지를 퍼트린다. 황소는 공격적이지 않고 다른 초식동물처럼 단지 도망가려는 성향만 지녔다.

미간이 넓은 황소의 눈은 측면으로는 넓게 볼 수 있지만 정면의 시야는 매우 좁다. 소위 말하는 투우사의 기술이라는 것이 거짓말에 지나지 않는다는 것을 알 수 있다. 소가 볼 수 있는 이미지는 굉장히 흐릿하며 거리를 잘 가늠할 수 없다. 소의 눈은 특정한 대상에 주의를 기울이기보다는 물체의 형태와 움직임을 가늠하는 데 적합하다. 투우사가 소의 측면에서 망토를 흔들어대는 것은, 움직이는 물체만 공격하는 소의 특징을 자극하는 게임을 벌이는 셈이다. 형태를 알 수 없는 물체의 현란한 움직임 때문에 방향성을 잃고 놀란 소는 뿔을 앞쪽으로 향하기 위해 머리를 내렸다가 상황을 관찰하기 위해 머리를 든다. 투우사는 소를 가능한 한 천천히 죽이는 것이 관건이기 때문에 소가 머리를 계속 아래로 내려뜨리고 있도록 강제로 유도하면서 소의 등 근육을 창으로 절단하여 무력화시키고, 소의 반격을 최소화하며 목의 대정맥을 잘라서 피를 흘리게 한다. 게다가 경기장에 들어서기도 전에 이미 소의 뿔은 무두질되기 때문에 치명적인 상처를 입고 무력화된 상태로 경기장에 들어온 소가 살아서 나갈 행운이 있을 리 없다. 무두질은 뿔을 몇 센티미터 줄이기 위해 산 채로 뿔의 신경을 자르는 것이다. 투우사의 위험 요소를 줄이고 황소의 공간감지 능력을 교란해 공격을 부정확하게 하기 위해서 신경을 이와 같은 방법으로 절단한다. 그런데 뿔을 절단했다는 사실을 숨기기 위해 송진으로 원래의 뿔 모양을 만든 후 경기장에 들여보낸다.

'투우 경기 애호가'는 투우가 힘과 용맹함을 상징하는 동물과 인간의 싸움이라고 생각하기 때문에 즐거움을 느낀다고 볼 수 있다. 힘과 용맹함을 상징하는 동물을 이른바 '예술'의 이름으로 죽임으로써 인간이 마치 죽음에 대항하고 동물성을 정복한 듯 군다. 엄연히 세상에 존재하던 생명체를 잔인하게 고문해 죽이는 일에서 즐거움을 느끼는 행위를 통해 야성적 힘을 통제하고 타자의 신체를 지배하려는 '전형화된 남성성'의 징후를 볼 수밖에 없다.

이 모든 이유 때문에 투우는 다른 모든 동물싸움의 금지를 촉구하는 의미에서도 지역을 막론하고 모든 곳에서 폐지되어야 한다. 비록 동물의 싸움이 인간의 힘을 강조하는 데 사용되지 않더라도 동물싸움은 동물에게 극도의 고통을 준다. 싸움에 동원되는 동물은 처참한 환경에서 사육되고, 말할 수 없이 폭력적으로 조련되며, 지독하게 상처 입고 비통하게 죽어 간다. 동물싸움에 사용되는 동물의 유일한 유용성은 극소수의 사람들의 이윤 창출이다.

투우 쇼에 들어가는 돈은 투우에 쓰일 소를 사육하는 사람과 투우사가 다른 일을 찾도록 지원하는 데 상당한 기간 동안 쓰일 수 있다. 포르투갈의 경우, 소를 죽이지 않는 한 투우를 계속할 수 있도록 허가하자는 제안을 하는 사람도 있는데 이런 해결책은 부적합하다. 인간의 동물 지배를 확고히 하는 투우는 그 자체로 매우 폭력적이기 때문이다. 실제로 포르투갈 투우는 (보호용 마의나 보호장비 없이) 말을 타고 진행되며, 말을 탄 기사는 소의 등에 '짧은 작살 창farpa, 리본이 달린 이중 갈고리 창'을 꽂는다. 피를 너무 많이 흘려서 소가 완전히 지칠 무렵, 쇼의 '끝'을 위해 말을 타지 않은 8명의 남자forcados가 등장해서 소를 지정된 장소로 몰고가 움직이지 못하게 한다. 마지막 남자가 등장해 소의 꼬리를 쥐고 유지하다가 황소를 경기장 밖으로 옮긴 다음 비수로 찔러 죽인다. 그렇지 않으면, 황소에게 무수히 꽂혀 있는 작살을 마취 없이 뽑은 다음 도살장이 문을 열 때까지 며칠 간 지독한 고통 속에서 죽어 가도록 방치한다.

말을 타고 하는 사냥 금지

 영국을 비롯해서 많은 국가에서 귀족 사회의 잔재인 말을 타고 하는 사냥을 금지하고 있다. 이 사냥은 대부분 시골의 삶과 야생동물의 세계를 알지 못하는 부유한 도시민에게 몰이꾼, 사냥꾼, 기사, 초대손님, 기마헌병, 소유주, 관람객 등 각자의 자리가 정해져 있는 해묵은 사회적 위계를 경험할 수 있는 기회를 주면서 명맥을 유지해 왔다.

 사냥꾼에 의해 특정인의 사유지에 몰린 여우, 노루, 사슴, 멧돼지는 겁에 질려 숨게 된다. 그곳에서 사용법도 모르는 사람의 손에 들린 단검이나 수렵용 창에 찔려 죽어 간다. 이런 사냥에는 특별한 자격증이 필요 없다. 사냥 허가증이 있으면 누구나 할 수 있다. 사냥 장비로 취급되는 사냥개는 사냥에 이용될 때를 제외하면 나머지 모든 시간을 제한된 공간에 갇혀서 지낸다. 말은 먼 거리를 달리는 데 이용되는 교통수단으로 취급된다. 사냥개 무리가 사냥할 동물을 따라잡는 마지막 쟁탈전의 순간, 사냥개 무리를 지배하기 위해 사냥개 무리에게 사냥감을 내주는데 이때 내장이 드러난 동물의 몸 일부를 쥐고 흔드는 순간은 도저히 견딜 수 없는 폭력적인 장면이다.

 말을 타고 하는 사냥의 완전한 금지는 그 밖의 다른 사냥 금지와 동시에 이루어져야 한다. 개체수 조절을 위해 사슴, 여우 외에 여러 동물을 사냥하는 것은 오늘날 아무 의미도 없다. 인

동물주의 선언

간이 사냥감으로 쓰기 위해 기른 동물을 풀어 놓거나 또는 인간이 만든 상황 때문에 개체수가 과하게 증대되어 원인 제공자인 인간이 야만적으로 개입해야 하는 상황만 만들지 않는다면, 생태 환경에 따라서 동물의 개체수는 자연적으로 조절된다.

오늘날 사냥은 생존을 위해서, 환경을 위해서라는 어떤 변명도 통하지 않는 단순한 취미활동일 뿐이다. 사냥 외에도 시골에서 즐길 방법은 많고, 아무리 정치인들이 사냥을 지지하더라도 사냥은 줄어들 수밖에 없다. 젊은 사람들의 눈에 사냥은 더 이상 매력적인 행위가 아니며, 산책하던 사람들이 사냥꾼의 총에 맞는 사고가 빈번하기 때문이다. 이런 사고는 사냥을 허가할 수 없는 일로 만든다. 머잖아 대부분의 사람은 사냥은 금지해야 한다고 생각할 것이다. 특히, 인간이 다른 종과 평화롭게 공존하는 방법을 찾게 된다면 더욱 그러할 것이다.

모피와 푸아그라 금지

동물을 사육하는 농장의 문제는 정치적으로 복잡하게 얽혀 있다. 많은 사람에게 일자리를 제공하기 때문에 사육농장의 폐지는 쉽게 받아들일 수 있는 것이 아니다. 그럼에도 불구하고 용인할 수 없을 정도의 고통을 지속적으로 유발하고, 생산품이 꼭 필요한가에 대한 반론이 전적으로 가능하기 때문에 당장 시장에서 추방해도 될 생산품이 있다. 바로 모피와 푸아그라이다.

원래 그곳에서 태어나 사육되었든 야생에서 포획되었든 모피를 생산하는 사육장에서 사는 감수성 있는 존재의 삶은 말 그대로 지옥이다. 0.6제곱미터(0.18평)의 극히 협소한 우리에 갇힌 채 겨울의 추위와 여름의 더위에 그대로 방치된다. 이곳의 동물은 대부분 미쳐 있고 자해를 한다. 여우는 자신의 꼬리를 물고 쉴 새 없이 회전하고 피부를 물어 뜯는다. 반수생* 동물인 라쿤과 밍크는 야생에 비해 터무니없는 환경을 견디지 못하고 하루 종일 우리의 창살을 긁어댄다. 그러다가 몇 달 만에 끔찍한 죽음을 맞는다. 여우는 항문과 입에 부착된 전극에 가해진 전기 충격으로 내장이 타서 죽는다. 라쿤은 가스에 중독시키거나 산 채로 가죽을 벗긴다. 특히, 중국에서는 산 채로 피부를 벗긴다. 중국에서는 라쿤, 고양이, 개가 다른 나라에 비해 파격적으로 낮은 가격에 거래되고 착취된다. 모피를 얻기 위한 동물의 포획이나 덫의 설치는 상상을 초월할 만큼 잔인하다. 이를 허용하는 국가에서는 조속히 금지해야 한다.

인간은 앙고라 털을 얻기 위해 토끼를 평생 가두어 두고 100일마다 털을 깎는 것에 만족하지 않고 산 채로 털을 뽑는다. 산 채로 뽑는 것이 시간을 단축시키는 데다 질이 더 좋은 털을

---

* 수생동물은 물속에 사는 동물, 반수생 동물은 거북, 수달처럼 육지와 물속 모두에서 생활을 영위하는 동물이다._편집자 주

동물주의 선언

얻을 수 있기 때문이다. 앙고라 토끼는 평상시에 소리를 잘 내지 않는 동물인데 털을 뽑기 시작할 때부터 끝나고 다시 우리에 내던져지는 순간까지 고통에 찬 비명을 끊임없이 지른다. 그리고 겨울에 그 우리에 갇힌 채 급작스러운 온도 변화를 이기지 못하고 죽어 간다.

잔인하게 동물을 학살해서 얻은 모피는 소비자에게 같은 만족을 줄 수 있는 대체제가 있다. 인조모피이다. 그러니 모피산업의 종말이 소비자에게 어떤 불이익이나 불만을 줄 이유는 없다. 패션 산업계가 고가의 상품인 모피 소비를 특권처럼 포장하는 광고를 계속하면서 필요와 욕구를 인위적으로 만들고 있을 뿐이다. 더군다나 많은 수의 동물은 추위로부터 인간을 보호해 주는 외투를 만들기 위해 학살당하는 것이 아니라, 모자의 장식품과 같은 각종 자질구레한 부속품, 깃, 장난감을 만들기 위해 학살된다.

푸아그라는 집오리나 거위에게 3주 동안 상상할 수 없을 정도의 많은 양의 먹이를 억지로 먹인 결과로 만들어진 병든 간이다. 자연상태에서 오리나 거위는 장기 비행을 하기 전에 자연스런 방법으로 살을 찌우는데, 당연하게도 비행에 적합한 정도로만 절제한다. 하지만 사육농장에서 오리와 거위는 몇 초 동안 450그램의 먹이를 삼켜야 한다. 강제로 먹이를 먹이기 위해 사람들은 철로 만든 20~30센티미터 길이의 관을 오리와 거위의 목구멍으로 넣어 모이주머니에 닿게 한다. 이 끔찍한 강제급식의 결과로 오리와 거위의 간은 정상 크기의 10배에 달하도록 커지고, 억지로 지방간을 만든다. 철로 만든 관이 목구멍에 삽입될 때 바둥대면서 저항하거나 토하고 싶어서 저절로 수축된 식도 때문에 거위와 오리는 숨을 쉴 수 없어 고통받고, 숨을 쉬어보려고 애쓰면서 고통받는다. 이런 과정이 반복되면서 목에 생긴 치명적인 천공 때문에도 많이 죽는다. 억지로 먹이를 먹이는 3주가 지나면 오리와 거위는 더 이상 걸을 수 없고, 비대해진 간에 폐가 짓눌려서 숨을 쉬지 못해 괴로워한다. 인간이 먹기 위해 도살하지 않아도 그들은 죽을 수밖에 없다. 실제로 많은 오리와 거위가 이 단계에 이르지도 못하고 죽는다. 강제로 먹이를 먹이는 기간 동안 오리들의 치사율은 10~20퍼센트에 달한다.

다른 산업과 마찬가지로 푸아그라와 모피 산업도 금지하려면 관련 종사자가 다른 일을 찾을 수 있도록 경제적 지원은 물론 다양한 지원이 동반되어야 한다.

사육장과 도살장의
변화를 위한
제안

2

동물사육농장이 사라진다는 것은 곧 인간을 위해 선택된 종이 사라진다는 것인데 프랑스의 많은 시민이 이에 반대한다. 하지만 공장식 축산을 없애자는 의견에는 만장일치로 찬성한다. 안타깝게도 많은 사람이 생각과 행동을 일치시키지 못하고 있다. 사람은 동물에게서 얻은 생산품을 계속해서 소비하고 싶어한다. 저렴하게 고기를 먹겠다는 사람의 욕망은 공장식 축산은 반대하면서 공장식 축산에서 나오는 저렴한 고기는 받아들임으로써 공장식 축산을 일반화한다. 경제적 추세나 환경, 인구 증가를 고려하면 현재의 소비 욕구에 부응할 수 있는 것은 공장식 축산뿐이기 때문이다.

동물 착취가 없는 사회, 동물사육농장이 없는 사회는 동물주의자의 궁극적인 목표이다. 그러나 이러한 사회가 실현되려면 수많은 산업 영역에서 생산품의 정의가 새롭게 바뀌고, 소비자가 삶의 스타일을 바꾸고, 동물로부터 얻은 생산품에 대한 대안을 쉽게 찾을 수 있어야 한다. 이러한 실질적 진보 없이는 민주주의 사회에서 동물사육농장의 종말을 선언하기는 어렵다.

언젠가 동물 착취를 최종적으로 금지하는 것이 입법부의 목적이 된다고 해도 기업 등 사회경제적인 권력 집단의 이익과 충돌할 수 있다. 그렇기 때문에 입법부는 육식이 기반이 되는 산업과 동물실험의 대안, 가죽·모직·비단·모피를 이용하는 산업의 대안 산업을 발전시켜 그들이 이익을 유지할 수 있도록 이끌어야 한다. 그렇게 동물학대 산업을 지속하려는 의도를 효과적으로 무력화시켜야 한다. 입법부는 동물과 공존하려는 대안적 문화와 새로운 가치에 찬성하는 많은 사람의 지지에 의존할 수 있을 것이다.

입법부가 사육을 폐지하는 법안을 통과시킨다고 해도 사육업 종사자를 경제적으로 지원하고, 동물 착취가 없는 사회가 제대로 자리 잡을 수 있도록 다음 세대를 독려하면서 유예 기간을 두고 천천히 진행해야 한다. 이런 전략은 반드시 보상받을 것이다. 축산업자를 몰아세우는 대신 그들 스스로 동물에게 조금 더 정당한 방식의 삶을 선택하도록 자극하는 방식을 통해 입법부는 다수의 지지를 받을 수 있고, 동물 착취 없는 사회는 안정적으로 자리잡을 수 있다.

고기, 즉 동물의 살을 취하기 위해 이토록 많은 수의 사육동물이 학대를 당한 적은 역사상 한 번도 없었다. 인구 증가를 고려할 때, 만약 지금 아무것도 변화시키지 못한다면 현재의 공장식 축산은 어쩌면 앞으로 도래할 끔찍한 미래에 비하면 차라리 낫다고 생각될지도 모른다. 인구는 2050년 정점에 달할 것으로 보이는데, 90억 명에 이를 것으로 전망하고 있다.

상황이 더 나빠지기 전에 지금 당장, 이 지옥 같은 시스템에 제동을 걸어야 한다. 엄격하고 명확한 기준에 근거해 보다 넓은 공간에서 동물을 사육하는 방목형 축산으로 점차적으로 귀환하고 이를 경제적으로 지원할 계획을 세워야 한다. 또한 공장식 축산에서 나오는 생산품에 대한 불매운동이 필요하다. 지나친 가격 경쟁을 통해 동물과 인간의 삶을 모두 저하시키는 대형 유통업을 보호하는 제도에도 제동을 걸어야 한다. 방목형 축산으로 귀환하고자 한다면 유통은 짧아야 하고, 대형 유통업계의 이윤은 축산 제조업의 이윤보다 작아야 한다.

이론적으로 보면, 공장식 축산에서 방목형 축산으로의 이행은 모두에게 적합하다. 공장식 축산을 유지하는 논리로는 방목형 축산 방식의 사육업자는 충분히 살아갈 수 없다. 공장식 축산의 생산품이 훨씬 싸기 때문에 더 경쟁력이 있다는 이윤 논리이자 경제 논리이기 때문이다. 공장식 축산에서 방목형 축산으로의 변화에 비용이 드는 것은 엄연한 사실이다. 특히 소비자가 축산업자들이 살아가는 데 필요한 만큼의 비용을 들여 방목형 축산물을 선택할 준비가 되어 있지 않다면 더욱 그렇다.

동물사육 업종 종사자가 동물의 행동적 특성에 맞춰 제대로 살아갈 수 있는 공간 등 환경을 조성하고, 시설을 마련해서 방목형 축산으로 전환하려면 상당한 경제적 지원과 물질적 지원이 필요하다. 동물 생산품의 가격을 상대적으로 낮게 유지하려면 종사자가 생활을 영위하고 유지하기 위한 최저 임금을 지원해야 한다. 경제적 보상은 사업자들의 비용 대비 수입의 부족분을 채우는 데 도움이 될 것이다.

그런데 육류의 가격을 낮게 유지하는 식의 정책은 곡류, 채소류보다 저렴한 비용으로 생선과 고기를 먹어 왔던 소비자의 식습관을 강화하는 단점이 있다. 즉, 소비자가 '비거니즘'을 선택하도록 유도하지 못한다. 하지만 질이 좋은 생산품을 공급하는 방식은 소비자가 더 까다롭게 물건을 고르도록 할 것이다. 점차 향상되고 있는 소비의식과 지구 온난화로 인한 심각한 환경 문제를 인식한 더 많은 사람이 절도 있는 삶의 방식을 선택하도록 이끌 수 있다. 즉, 일주일에 두 번 정도 질이 좋은 고기와 생선을 먹는 식습관으로의 변화는 점차적으로 채식 중심 식생활 végétarien로, 이어서 순채식 식생활végétalien로 발전될 가능성이 크다. 이는 동물복지를 고려하고 환경을 생각하는 공급처를 찾는 소비자가 많아진다는 것을 뜻한다. 이에 부응하여 공급도 많아질 것이다. 점점 더 많은 사람이 이러한 삶의 방식이 동물의 삶을 구할 뿐 아니라 지구 환경의 측면에서도 더 지지할 만하다는 자각을 하게 될 테고, 언젠가는 완전한 단계의 '비건 실천자', 나아가 동물주의자가 될 것이라고 기대할 수 있다.

생산과 삶의 방식의 근본적인 변화는 한 번 결정하고 선언해서 단번에 이루어지는 것이 아니다. 이 변화는 분명히 사유하고 표현할 수 있어야 비로소 가능하다. 또 하나 유념해야 할 것은 이론에서 실천으로, 생각에서 행동으로, 윤리에서 정치로 옮겨갈 때 여러 상황과 맥락을 살펴야 한다. 이러한 변화가 습관으로 정착되어야 다양한 분야에서 힘을 발휘할 수 있고, 궁극적으로 사회의 방향성을 설정하고 끌어가는 힘이 된다. 그렇지 않다면, 잠깐의 변덕일 뿐 결과적으로 어떤 변화도 일어났다고 볼 수 없다.

축산업자, 유통업자, 소비자가 여러 측면에서 함께 변화를 꾀하지 않으면, 고기를 취하기 위해 인간이 기르는 동물의 삶이 개선될 것이라는 기대를 갖기 어렵다. 고기의 양이 아니라 질이 중요하다는 사실을 알리는 정책이 사람들을 설득할 수 있을 것이다. 특히 음식이 건강에 끼치는 영향을 인식한 소비자가 자신이 구입하는 물건이 어디서 어떤 과정을 통해 왔는지 알고자 할 때, 소비의 경향은 고기를 생산하고 수출하는 외국에까지 영향을 줄 수 있을 것이라 전망할 수 있다.

농축수산업 정책은 단순히 먹을거리를 생산하는 것을 넘어서 축산업자의 일과 역할을 재평가해서 보수를 지급해야 한다. 지역 농촌의 발전과 지역의 풍광을 보존·관리하는 것도 축산업자들의 일이기 때문이다. 관광객을 끌어들이기 위한 지역 재정비와는 전혀 다른 일이다. 축산업자를 비난하고 죄책감에 몰아넣어서는 안 된다. 대신 그들이 스스로 자부심을 가질 수 있도록 그들의 가치를 재평가하고, 개인의 노동 조건과 자존감, 공공의 이익에 근거하면서 이들과 연계해야 한다. 인간의 세계는 개인의 헌신 없이는 구원될 수 없다. 헌신의 뿌리는 자신과 세계에 대한 사랑이다.

국가가 지원하지 않으면 동물의 삶의 조건을 우선으로 생각하는 사육업자의 노력이 계속될 수도 동물의 삶이 개선될 수도 없다. 앞으로 몇 년 안에 첫 번째 단계인 방목형 축산으로의 귀환이 성공할 수 있다면 동물주의자는 더 많은 사람들의 동의와 지지를 얻을 수 있을 것이다. 그런 다음 두 번째 단계, 즉 동물 사육이 없는 사회, 동물 착취가 없는 사회로 전환될 시점에 도달했다고 사회를 설득할 수 있을 것이다.

현재 행해지는 도살의 실체를 본 사람이라면 깊은 충격을 받을 수밖에 없다. 8시간 이상의 수송을 절대 허가하지 않는 등의 운송 조건을 포함해서, 사육에서 도살까지 모든 단계는 반드시 투명하게 공개되어야 한다. 끔찍한 조건에서 길러지는 동물이 지구 저편 어딘가에서 수송되어 오지 못하게 막는다면 수송 시간은 줄어든다. 살고자 하는 동물을 죽이는 치명적인 폭력이 지배하는 도살장을 기습 점검하여, 동물을 죽이기 전에 규칙에 맞게 올바르게 실신시키는지, 장비가 완벽하게 작동하는지 검사하는 사람이 당연히 있어야 한다.

지역 행정부의 협조 아래 할랄$_{halal}$과 카슈루트$_{casher}$* 절차를 따르는 도살장에서도 마찬가지로 도살 전에 전기충격으로 의식을 잃게 하도록 해야 한다. 유대교, 이슬람교, 그리스도교는 더 이상 인간과 동물의 관계, 인간이 동물에게 견디도록 강요하는 엄청난 고통의 문제를 무시하거나 외면할 수 없다.

동물을 도살하는 일을 하는 노동자에게 매우 낮은 월급을 지급하는 사회에서, 이 일을 하는 사람이 제대로 된 교육과정을 이수할 수 있도록 물질적·정신적으로 지원해야 한다. 이들은 특히 동물의 고통과 괴로움에 대해서 잘 알아야 하며, 몇 년이 지난 후에는 직업을 바꿀 수 있어야 한다. 이 일의 심리적이고 신체적인 어려움을 고려할 때, 심리학자, 노동 담당 의사, 동물윤리학 전문가, 동물보호단체를 대표하는 사람과의 면담 없이는 도살장에 취업할 수 없도록 해야 한다.

도살장에 카메라를 설치하는 것에 대해서 필요 없다고 주장하는 사람도 있지만 악행을 감시하고 예방하는 역할을 할 수 있다. 그러나 카메라의 설치가 문제의 원인을 해결하지는 못한다. 근본 원인은 인간 사회에서 동물이 물건처럼 다루어지고 있다는 것, 국가가 동물을 보호하거나 그들이 사는 조건을 개선하는

---

* 각각 이슬람교와 유대교의 율법에 따라 도살하는 방법이다. 희생되는 동물의 의식이 있는 상태에서 목을 베어 피를 빼내는 방식으로 도살한다._옮긴이 주

것에 의무감이 없다는 것, 도살장에서 일하는 사람들이 경멸받고 있다는 것이다.

문제를 개선함에 있어 정치적 의지와 시민의 참여 없이는 어떤 진보도 이룰 수 없다. 공장식 축산의 점차적 폐지와 도살 조건의 감시는 단지 도덕적 측면에서 필요할 뿐 아니라, 사회적 측면에서도 이롭다는 사실을 우리 모두 깨달아야 한다. 어떤 구성원도 빠짐 없이, 모든 구성원을 골고루 돌보겠다는 단호한 의지를 가진 국가의 이미지를 상상해 보라. 이러한 국가는 진보는 극단적 자유주의를 통해서가 아니라, 사회와 경제의 엄격한 재조직, 삶의 질에 대한 관심, 모두에 대한 존중, 제대로 된 일을 통해서만 이루어진다는 사실을 다른 국가에게 보여 줄 것이다!

동물주의 선언

음식, 패션,
산업 일반에서의
혁신

　지금까지 구체적인 요구로 나열한 모든 조치는 동물주의를 표방한 정당이 독점할 수도 있을 것이다. 하지만 동물만을 위한 것이 아니라 결국 사람을 위한 것이기도 하기에 고귀한 명분을 따르고자 하는 모든 정치인이 공유할 수 있다. 그러나 이러한 조치는 관련 산업의 대표와 현장 종사자의 추진력이 없으면 아무 소용도 없다.

　고급 레스토랑이든 아니든, 고기와 생선과 같은 동물 생산물 없이도 요리할 수 있고, 채소, 곡물, 두부, 밀고기scitan 같은 식물 단백질과 향신료 같은 것을 찾아내거나 이용할 줄 아는 요리사가 필요하다. 모든 도시와 마을에 비건 식당을 열고, 술집이나 바에서부터 관공서, 학교와 병원의 급식 모두 채식 중심 식단과 순채식 식단을 내도록 해야 한다. 이미 이에 대한 수요가 있다. 동물의 살과 육식 가공품 없는 음식을 제공하는 식당을 쉽게 찾을 수 있고, 이런 식사에서 즐거움을 누릴 수 있으며, 완벽한 건강을 유지할 수도 있다는 것을 사람들이 안다면 채식에 대한 수요는 더욱 증가할 것이다.

우리 모두 동물의 살과 육식 가공품 없이 요리할 줄 알아야 한다. 나아가 전통을 혁신하면서 실현될 수 있는 이런 배움을 학교에서 무료로 배울 수 있어야 하고, 농수산식품 업계는 고기와 생선의 대안이 될 수 있는 상품을 제안해야 한다. 예를 들어 미국의 비욘드 미트Beyond Meat가 하는 일이다. 각 나라의 문화와 입맛에 맞는 접근이 도입되어야 한다.

패션은 중요한 산업이며 모, 가죽, 비단 등을 대체하는 혁신이 얼마든지 지원될 수 있는 분야이다. 동물을 착취해 얻은 재료 없이도 기분 좋고 편안하게 입고 신을 수 있어야 한다. 화장품 업계에서는 알레르기 테스트를 비롯한 동물실험을 대체할 방안을 적극적으로 개발해야 한다.

의학 분야에서 동물실험을 대체할 방법은 이미 존재한다. 프랑코파Francopa* 보고서 중에서 대체성이 증명된 3개만 예를 들어

---

* 프랑코파Francopa는 동물실험에 대안을 확산, 개발, 비준하는 프랑스의 플랫폼이다. http://www.francopa.fr/web/francopa?page=home&out=txt&languageIhm= fre._옮긴이 주

보자. 첫째, '엑스 비보$_{ex \; vivo}$*' 방법. 세포조직은행이나 외과수술의 부산물에서 얻을 수 있는 동물이나 인간의 세포조직을 바탕으로 하는 실험. 둘째 '인 비트로$_{in \; vitro}$*' 방법. 세포조직의 재현물(예를 들면 인간의 피부나 각질) 등을 실험 모델로 사용하는 심리화학적 방법을 포괄한다. 셋째, '인 실리코$_{in \; silico}$*' 방법. 흡수, 물질대사, 물질의 배설이나 새로운 원자의 발전에서 독성의 배출에 대한 축적 자료를 사용하는 생수학$_{biomathématiques}$**적 모델이다.

기업과 실험실 입장에서는 대체로 대안 모델을 적용하는 것보다는 동물을 사서 관리하는 게 더 쉽고 돈도 덜 든다. 따라서 대안을 추구하는 이들을 경제적으로 지원하고, 동물실험을 하지 않은 상품을 높이 평가하며, 연구자들에게 연구를 계속할 수 있도록 보상제를 지속적으로 시행하고 지지함으로써 대안을 개발하는 일에 투자를 지속하도록 해야 한다. 연구 실험실과 관련된 산업계, 대학에 투명성을 엄격히 요구하고, 가장 도덕적인 곳을 중점 지원한다. 실험실 동물을 위한 단체인 그랄$_{Graal}$이 비

---

*   엑스 비보$_{ex \; vivo}$란 생체$_{vivo}$ 밖$_{ex}$이라는 뜻으로 동물실험을 말하는 인 비보$_{in \; vivo}$의 대처 개념으로 쓰인다. 인 비트로$_{in \; vitro}$는 '유리 안에서'라는 뜻으로, 생회학적 반응을 생체 밖에서 진행시키거나 시험관 내에서 화학적으로 관찰할 수 있다는 의미로 사용된다. 인 실리코$_{in \; silico}$는 '계산기 내에서'라는 뜻으로, 컴퓨터 시뮬레이션 기능으로 예측 가능한 실험의 형태를 말한다(《화학대사전》, 2001, 세화 편집부/《생명과학대사전》개정판 2014, 강영희 지음, 도서출판 여초 참조)._편집자 주

**   생물학적 현상을 수학적 모델을 사용해서 이해하는 방법이다._편집자 주

글을 돌보는 것처럼, 실험에 희생되었던 동물이 삶을 되찾을 수 있도록 할 수 있는 모든 일을 해야 한다. 이런 단체 덕분에, 크지도 작지도 않은 몸과 부드러운 성정 때문에 평생을 실험실에 갇혀 실험도구로 사용될 뻔한 비글들이 충분한 사랑을 줄 수 있는 가족에게 입양된다.

동물에게 보다 정의로운 사회로 가는 데 있어 앞장서는 국가는 경제적인 면을 포함한 모든 면에서 경쟁력을 갖고 번영할 것이다. 동물의 운명에 관심을 갖고, 그들의 안위를 걱정하고, 동물을 착취해 얻은 고기와 생산품의 소비를 줄이려는 사람들이 지속적으로 늘고 있기 때문이다. 지구 온난화의 위협 또한 무시할 수 없는 절대 조건이다. 따라서 혁신을 도모한 산업계와 기업은 마땅히 돌파구를 찾을 수 있을 것이다.

동물보호의
실질적
강화

4

　현재 동물을 희생시키는 인간의 권력남용을 고발하고, 시민
의 입장에서 이들을 상대로 소송을 제기하면서 학대당하는 동
물을 보호하는 역할을 하는 것은 동물보호단체뿐이다. 동물보
호단체가 없다면, 강간당한 암캐들과 쓰레기 봉투에 담겨 쓰레
기장에 버려진 고양이들, 마구를 한 채 굶주린 말과 나귀, 함부
로 버려진 동물들은 거의 무관심 속에서 죽어 갈 것이다.

　동물을 학대한 사람의 형량을 가중시키고 이러한 전력이 있
는 사람이 반려동물을 입양하는 것을 법적으로 금지해야 한다.
이국적인 희귀 동물의 거래로 먹고사는 사람과 이런 동물을 구
매하고는 얼마 안 가서 버리는 사람의 경우도 마찬가지이다. 켜
켜이 쌓인 끔찍한 철장 속에서 말 그대로 공장 생산품으로 생

산된 강아지 공장의 반려동물을 파는 비밀조직들은 붕괴되어야 마땅하다. 버려지고 파양된 동물이 머무는 보호소나 쉼터에서 반려동물을 입양하는 것은 돈으로 사는 일보다 이상적이다. 입양이 이상적인 또 다른 이유는 동물이 사고파는 대상이 되면 조금이라도 이윤을 더 얻기 위해 동물을 착취하려는 유혹이 반드시 생기기 때문이다.

법과 공공 영역에서 일하는 변호사, 판사, 경찰은 현재 활용되고 유통되는 동물을 이용하는 여러 서비스에 대해 더 잘 파악해서 동물에게 실질적인 도움을 줄 수 있어야 한다. 나아가 버려지고 학대받는 동물을 찾는 일을 하는 뉴욕시의 한 부서 동물학대기소팀Animal cruelty prosecutions unit처럼, 동물보호 임무에 집중하는 부서를 갖는 것이 바람직하다.

동물과 관련된 주제에 대한 각종 정보와 뛰어난 법률가를 보유한 동물보호단체는 그들의 일을 계속하겠지만, 모든 사회의 행정 영역에 동물 관련 부서가 있는 것은 중요하다. 그래서 모든 사람이 교육과정이나 그들이 속한 사회에서 동물 문제에 대한 정보를 쉽게 얻을 수 있어야 한다.

동물을 위한 변화를 위해 가장 중요한 것은 정치이다. 다양한 영역의 지원을 받아 동물에게 정당한 사회를 건설하는 일은 정치적 행동이자 정치적 결정이기 때문에, 동물권 옹호 운동은 정치화되어야 한다. 정치행동은 다양한 영역을 포괄한다. 개인 간의 동의에 근거해 설립된 민주주의 사회에서 교육은 정치 영역과 제도 영역의 두 영역을 유지하게 한다.

사회적 열망을 모아낸 강력한 운동인 동물해방 투쟁은 예술가와 지식인의 지원 없이 성공할 수 없다. 프랑스 대혁명, 계몽주의, 탈식민화, 여성해방 등 각각의 시기에 중요한 사회·정치적 변화가 일어난 후에는 문화와 교육을 통해 근본적인 변화가 계승되었다. 문화와 교육은 정의를 받치는 기둥이다.

어릴 때부터 시작해 어린이집, 유치원, 초등학교, 중학교, 고등학교에 이르기까지 어린이와 청소년이 동물 존재의 풍부함을 발견하고 다른 생명체에 대한 존중과 연민을 일깨우는 감성을 발전시키는 일은 매우 중요하다. 역사, 영어와 동일하게 중등교육과 고등교육에서 동물윤리와 동물행동학을 가르쳐야 한다.

대학은 개방성이라는 본질로 돌아가 다양한 분야의 사람을 직간접적으로 동물과 연계시키면서 교육과정을 진행해야 한다. 수의학과와 의학과는 동물윤리 전문가를 초대해 학생과 전문가가 경험과 사유를 나누고 토론할 수 있도록 한다. 사육업과 도살업에 종사하는 사람은 물론, 식품업과 패션업에 종사하는 사람들 역시 그들이 일에 종사하는 동안 동물행동학자나 사회과학 분야에서 동물 문제에 대해 연구하는 사람과 토론할 기회를 가지는 것이 중요하다.

이러한 교육적 노력은 단기적으로도 효과가 있지만, 특히 중고등학교와 대학 시절 동안 동물권익을 옹호하는 일이 바로 인류의 권익을 옹호하는 일이라는 점을 이해한 젊은이들을 통해서 장기적 효과를 거둘 수 있다.

동물주의 선언

우리가
도달해야 하는
세계

6

하나의 운동이 프랑스에서뿐 아니라 세계 곳곳에서 태어났다.
동물주의자는 시민인 동시에 전 세계 동물의 친구이며, 인간
이 아닌 감수성을 지닌 존재를 위해 세계 곳곳에서 싸우며 보다
정당한 사회가 도래하도록 노력하는 모든 사람들의 친구이다.
인터넷을 통해서 생각이 공유된다. 동물을 위한 대의는 역사적
대의라는 메시지를 퍼트리는 책이 점점 더 많이 쓰여지고 있다.

지금 이 순간에도 힘있는 집단, 관습이라는 견고한 권력, 특
히 전 세계에서 규제 완화를 주도하는 경제체제와 연결되어 있
는 거대한 힘이 수십 억의 동물에게 지옥과도 같은 삶을 부과하
고 있고, 동물을 착취하는 일을 하도록 고용된 사람들에게 스스
로의 건강과 자존감을 해치는 열악한 노동 조건에서 일하도록

강요하고 있다. 그러나 미래는 주변 사람, 친구와 가족에게 동물의 살과 동물에게서 착취한 생산품의 사용을 조금씩 줄이도록 권고하고, 이렇게 함으로써 자기 자신 및 동물과 조화를 이루는 삶을 살도록 독려하면서 생명 존중의 시대를 전파하는 사람들 곁에 있다.

이것은 혁명이다. 한 계급이 다른 계급에 예속되지 않도록 명령하는 혁명이다. 지배를 철저하고도 근본적으로 반대한다. 사회변혁, 다른 단계의 문명으로의 이행이다. 변혁의 시기는 도래했다.

모든 나라, 모든 정당, 모든 종교의 동물주의자는 집결해야한다. 지금 당장, 동물의 삶의 조건이 개선될 수 있도록, 언젠가는 동물 착취가 종말에 이를 수 있도록 힘을 모으자. 동물주의자가 아닌 사람과도 협력하자. 동물학대에 대항해 싸우고, 인간과 인간이 아닌 모든 생명체의 사랑과 정의를 전파하자. 동물을 위한 대의는 보편적이다. 동물의 권익옹호는 우리 모두와 연관된다. 동물의 정의를 인정하면서, 우리는 인간의 영혼을 구원하고 인간의 미래를 책임진다. 우리에게는 도달해야 하는 세계가 있다.

참고문헌

Arendt, Hannah, *Les origines du totalitarisme, Le système totalitaire* (1951), trad. J. -L Bourget, R. Davreu, P. Lévy, Paris, Le Seuil, 2002.

——, *Condition de l'homme moderne* (1958), tr. G. Fradier, Paris, Calmann-Lévy, 1983.

Bentham, Jeremy, *Introduction aux principes de morale et de législation*, trad. E. Utria, Paris, Vrin, 2011.

Derrida, Jacques, *L'animal que donc je suis*, Paris, Galilée, 2006.

Descartes, René, *Lettre à Élisabeth du 15 septembre 1645*, Œuvres philosophiques, Éd. F. Alquié, t. III, Paris, Garnier, 1998, pp. 605-609.

Donaldson, Sue, Will Kymlicka, *Zoopolis. Une théorie politique des droits des animaux* (2011), trad. P. Madelin, Paris, Alma, 2016.

Fontenay, de Élisabeth, *Le silence des bêtes. La philosophie à l'épreuve de l'animalité*, Paris, Fayard, 1998.

Hobbes, Thomas, *Léviathan* (1651), trad. Tricot, Paris, Vrin, 1994.

Jougla, Audrey, *Profession : animal de laboratoire*, Paris, Autrement, 2015.

The Collected Works of Abraham Lincoln, Roy P. Basler, Marion Dolores Pratt, Lloyd A. Dunrap (dir.), 8 vol., Rutgers University Press, New Brunswick, NJ, 1953.

Violence envers les animaux et les humains. Le lien, sous la dir. d'A. Linzey (1988), trad. fr. M. Rozenbaum, One Voice, 2011.

Pelluchon, Corine, *Éléments pour une éthique de la vulnérabilité : Les hommes, les animaux, la nature*, Paris, Le Cerf, 2011.

——, *Les nourritures : Philosophie du corps politique*, Paris, Le Seuil, 2015.

Platon, *La République*, trad. G. Leroux, Paris, Flammarion, 2002.

Regan, Tom, *Les droits des animaux* (1983), trad. E. Utria, Paris, Hermann, 2013.

Rilke, Maria Rainer, "La panthère", *Le vent du retour*, trad. C. Vigée, Paris, Arfuyen, 2005, pp. 80−81.

Rawls, John, *Théorie de la justice comme équité* (1971), trad. C. Audard, Paris, Le Seuil, 1997.

Sen, Amartya, *Repenser l'inégalité*, trad. fr. P. Chemla, Paris, Le Seuil, 2000.

Singer, Peter, *La libération animale* (1975), trad. L. Rousselle, Paris, Payot, 2012.

Strauss, Leo, "Sur le nihilisme allemand", *Nihilisme et politique*, trad. O. Sedeyn, Paris, Payot/Rivages, 2001, pp. 31−76.

인터넷 사이트

The Collected Works of Abraham Lincoln : http://quod.lib.umich.edu/l/lincoln/

Rapport du groupement d'intérêt scientifique Francopa (Plateforme nationale pour le développement des méthodes alternatives en expérimentation animale) : http://www.francopa.fr/web/francopa?page=home& out=txt&languageIhm=fre

Société végane francophone : http://www.societevegane.fr

World Watch Institute, State of the World, Special Focus, The Consumer Society, New York, Norton, 2004 : http://www.worldwatch.org/node/549

동물주의 선언

역자 후기

'혼종 사회'

인간으로서 '혼종 사회'를 살아간다는 사실의 책임을 어떻게 인식할 수 있을까?

타자와의 관계의 철학자라고 말할 수도 있을 이 책의 저자 코린 펠뤼숑은 2017년 출간 무렵, 이 책을 소개하는 방송이나 인터뷰에서 위급한 마음으로 이 책을 썼다고 밝혔다. 이러한 위급함이 공감을 얻어 에스파냐어, 카탈루냐어, 이탈리아어로 번역 출간되었고 곧 독일어로도 번역 출간된다.

현재 세계적으로 벌어지고 있는 전례 없는 동물 학대와 착취 앞에서, 더 나아가 인구이 증가라든가 현재의 개발 모델이나 삶의 방식 때문에 어쩌면 더 참혹해질지도 모른다는 절박함, 한편으로 슬프고 다른 한편으로 명철한 진단에서, 어떻게 하면 모두를, 각자의 수준에서, 지금 당장 행동에 초대할 수 있을

까를 가장 염두에 두고 쓰여진 책이라는 사실은 저자의 간결한 문체에서도 분석과 그에 동반된 구체적 제안에서도 느낄 수 있다. 복잡하고 어려운 문제를 상당히 간결하게 설명하면서도 단순화하지 않는다. 동물의 문제를 인간의 문제로 연결시키고 이 사실을 논리적일 뿐 아니라 마음으로 인정하면서 혼종 사회에서 인간으로서의 책임을 다할 것을 주장한다. 그리고 이를 모두에게 호소하고 설득력 있는 방식으로 구체적 대안을 제시한다.

주변에서 쉽게 접할 수 있는 동물에 대한 부당한 대우에 마음이 움직일 준비가 된, 그런 경험이 한번이라도 있는 모든 사람은 '동물주의'라는 약간은 생소한 개념, 저자의 문제 의식과 제안을 받아들일 준비가 되어 있다고 할 수 있다. 적어도 이 책에서 제시하는 '동물주의'라는 개념은 상당히 포괄적이다. 동물에 대해서 생각하고 그들의 조건을 조금이라도 개선하기 위해 자신의 생활방식을 조금씩 바꾸려고 노력하면서 아무리 작은 변화일지라도 이루어 낸 변화를 쉽게 포기하지 않고 지속적이고 근본적인 방식으로 자신의 삶에 뿌리내리게 하면서 다른 한편으로 가족, 친구, 동료, 이웃에게 권하고 설득하려 하는 사람들, 그렇게 조금씩 다 함께 작은 변화를 이루어 내려고 애쓰고 그런 마음을 잊어버리지 않고 가꾸면서 또 주변으로 천천히 확대하면서 공동의 실천을 일상적으로 시도하는 모든 사람은 동물주의라는 개념을 이미 알고 실천하고 있는 사람들이다.

끔찍한 일은 충격을 불러 일으키면서 시선을 단번에 집중시킨다. 멀고 가까운 곳의 수많은 재해와 사건이 충격과 공포를 불러 일으키곤 한다. 아마도, 어린 아이가 학대당하는 것을 보면서 아무런 행동을 취하지 않았더라도 마음이 조금이라도 불편했던 사람들은 어린 동물이 학대당하는 일에도 마음이 쓰일 것이다. 그런 대부분의 평범한 사람들에게 도살장의 모습은 충격일 것이다. 그 도살장이 위생적으로 관리되고 모든 기구가 제대로 작동하고 있더라도, 살고 싶어하고 겁에 잔뜩 질려서 죽음의 차례를 기다리는 동물들의 모습이 아무렇지 않을 수는 없다. 그런 동물이 수를 헤아릴 수 없이 많다는 것을 무의식적으로 짐작할 수 있다. 하물며 그곳이 끔찍한 환경이라면, 그런 이미지가 선정적으로 유포된다면 사회적 스캔들이 되고 모두 충격을 받을 것이다. 그런데, 그런 일은 또 금방 잊혀진다. 너무 끔찍한 일은 바로 그러한 사실 때문에 모른 척하고 싶은 마음이 든다. 그것을 마주하는 것이 너무 힘들기 때문이다. 직접적인 트라우마의 피해자는 물론, 그 일을 지켜본 사람들에게도 그런 망각의 욕구가 있다.

어떤 사실이 금방 스캔들이 된다면, 역설적이지만 그만큼 그 일은 금방 묻힐 수도 있다. 우리는 모두 몸과 마음의 불편함을 피하고 싶고 고통은 더 그렇다. 바로 여기에 또 다른 어려움이 있다. 동물 착취와 학대는 믿을 수 없을 만큼의 끔찍함에도 매일 매일, 매순간, 쉼없이, 일상적으로 벌어지고 있다. 그러면서도 철저히 감춰진다. 따라서 알고 싶지 않을 뿐더러 피하고 싶은 '일상'의 뒷면을 굳이 마주하면서 자신의 '일상'도 지옥으로 만들고 싶지 않은 것은 당연하다. 저자가 들고 있는 예처럼, 한 번 인식하기 시작한 순간, 바로 그 무렵에는 일상의 매순간 그 고통을 상기하게 되는 고통에서 벗어날 수 없다. 그런데 그런 고통에도 그것이 아무리 작은 일일지라도 잊지 않고 바꾸고 지속하려는 사람들은 정말로 용기 있는 사람들이다. 바로, 그런 사람들이 '동물주의자'이다.

코린 펠뤼숑은 이러한 사실을 강조하면서 외면하지 않은 용기에 가치를 부여하고 그런 용기를 지니지 못한 듯이 보이는, 그러나 사실은 자신도 여전히 포함되어 있는 '그 사람들'에게 폭력적으로 화풀이 하지 않도록 당부한다. 화풀이가 아니라, 자신이 알게 된 고통을, 절대로 아물지 않을 상처를 보듬고, 그 마음으로 다른 이들을 그러한 '지옥' 같은 고통 혹은 일상의 불편함으로 초대하는 일이라는 것을 숙지하고 부드럽고 천천히 그러나 끈기 있고 힘있게 어려운 초대를 하라고 말한다.

얼마나 불편한 일인가.

동물 문제에 관심을 조금이라도 두게 되면, 당장 거북해지는 일이 바로 먹는 것이다. 먹는 일은 생존의 문제이면서 즐거움이고, 가족 및 사회 관계에서 중요한 역할과 비중이 있는 일이며, 매일, 하루에 몇 번씩 하는 일이다. 더구나 관계뿐 아니라, 경제체제와도 직접적 연관이 있다. 간단히 말해, 이런 일을 하면서 먹고사는 사람들이 있다. 따라서 동물 문제가 불거지면, 사람들이 자동적으로 그것도 매우 폭력적으로 반응하는 것은 지극히 당연한 일이다. 저자가 환기하듯이 이런 일에 놀라거나 당황하거나 슬퍼할 필요 없다.

먹는 일에서 조금 벗어나도 일상은 쉽지 않다. 동물실험을 하지 않고 동물을 착취해 얻지 않은 재료로 만들어진 화장품이나 세제를 쉽게 살 수 있을까? 동물을 착취해서 얻은 재료가 쓰이지 않는 옷, 신발, 가방 등은 흔한 물건도 이쁜 물건도 싼 물건도 아닐지 모른다. 가죽이나 모피의 경우, 아마도 많은 사람들은 이런 소위 말하는 재료들이 살아 있는 동물로부터 잔혹하게 얻어진다는 사실을 모를 것이다. 예를 들어, 자신이 끼고 있는 장갑이 고양이나 개의 피부로 만들어진 것일지도 모른다는 사실을 상상하는 사람이 있을까? 재료는 일정한 크기가 필요하기 때문에 작은 동물은 작은 물건을 만드는 데 사용된다.

다른 한편으로, 다른 여러 국가, 대개는 서구의 소위 말하는 선진국들로 수출되는 물건을 만들기 위해 혹은 그 재료를 얻기 위해 동원되는 어린 아이들의 손이 있다. 동물 착취를 가속화하고 더더욱 잔인하게 착취하면서 먹고 살아갈 수밖에 없는 상황에 있는 수많은 사람들은 이런 부당한 착취를 기반으로 한 체제에서 더 취약한 위치에 있다. 이런 사실을 무시하고, 자신의 건강만 생각하고 자신만 도덕적으로 고결하다는 태도를 취하는 사람들은 '동물주의자'가 아니다.

자신보다 힘이 없는 다른 사람을 고려할 줄 모른다면 가장

폭압적 착취와 폭력의 대상이 되고 있고 그 숫자와 강도가 늘어만 가는 동물과 이런 체제를 유지하는 힘을 대상으로 싸울 수 없다. 인간은 착취당하고 있으면서도 인간이 아닌 다른 존재를 착취함으로써 결국 이처럼 부당한 체제가 유지되는데 직간접으로 기여한다. 그 방법은 어쩌면 상상을 초월하고 몹시 조밀한 그물망이어서 그 누구도 이러한 역할에서 온전히 자유롭지 않다.

저자는 확신을 가지고 인간과 함께 이 지구에 살고 있는 다른 존재들의 삶과 생명을 존중하면서 결국, 인간에 의한 인간 착취와 인간에 의한 수많은 다른 생명체의 착취를 기반으로 건설된 사회체제의 붕괴를 도모할 수 있다고 말한다. 불가능해 보이는 이런 전망은 사실은 이 일을 불가능하다고 믿도록 하고 있는 어떤 기능과 제도 때문일지도 모른다. 쉽게 상상할 수 없지만 꼭 이루어야 할, 착취 없이 모두에게, 지구에서 함께 살고 있는 모든 존재에게 '정당한' '공존 사회'를 상상해 보기 위해 저자가 참고하고 있는 것은 노예제와 노예제 폐지이다. 이 아픈 역사에서 교훈을 얻고 이 역사를 바탕으로 얻은 전략으로 해체해야 할 것은 이윤 이외의 어떤 것도 관심이 없는 교활할 대로 교활해진 현 '자본주의'이다. 그런데 노예제가 폐지되고 시간이 흘렀지만, 현재 인종주의가 사라졌다고 말할 수 있을까. 그렇지 않다. 그렇다면, 우리는 이 싸움이 얼마나 어려운지 짐작할 수 있다. 그러나 동시에 불가능하지 않다는 사실도 감지할 수 있다.

동물주의 선언

이런 판단은 근거 없는 낙관주의가 아니라 궁극적인 윤리를 생각해 보고 실천하기 위한 사유와 상상력의 힘에 관한 것이다. 불가능에 도전하지 않으면 가능한 일은 없다.

당장 모든 일을 종결시킬 수 없어도 적어도 우리는, 동물들의 생명이 조금이라도 존중받을 수 있도록 하기 위해, 참혹한 동물들의 삶의 조건을 조금이라도 개선하기 위해 할 수 있는 일들을 당장 시행하라고 요구할 수 있다.

프랑스가 동물이나 환경 문제에서 어려움을 겪고 있다면 그것은 프랑스의 경제에서 축산업이 차지하는 비중, 프랑스 음식의 지위와 자긍심과 무관하지 않다. 많은 사람들은 프랑스 음식에서 '고기'와 다른 동물 생산품, 예를 들면 '치즈'를 생략하고 생각할 수 있을지, 그럴 '필요'에 대해서 여전히 회의적이다. 그토록 처참하게 생산된다는 것을 많은 사람들이 알고 있는 푸아그라는 실제로 일상적인 음식이 아님에도, 프랑스의 음식 문화를 생각할 때 반드시 언급된다. 연말연시 축제 음식의 대표처럼 재현된다. 파티 준비에 아이디어를 제공하거나 여러 유용한 정보를 제공한다는 명목으로 많은 상품과 소비가 조장되는 이 무렵, 잔혹한 고문의 결과로 생산된 병든 간과 인공으로 만들어진 지방간의 맛을 구별하는 방법을 알려 주기도 한다. 그렇다면 실제로 사람들은 그 맛을 구별할 줄 모른다는 것일까. 왜 이토록 처참한 고통이 한 나라를 대표하는 문화의 일부로 재현되는 일에 사람들은 저항하지 않을까. 아니면, 그 저항이 누군가의 이익을 위해 감추어지고 있는 것일까.

한국에서 동물들의 생명과 삶의 권리, 동물들의 생명에 대한 존중, 축산업에서 길러지는 동물들을 비롯해서 인간이 사용하기 위해 사육하는 동물들의 삶의 조건을 개선하는 데 있어 방해가 되는 것이 있다면, 가장 한국적인 상황과 맥락에서 그것은 무엇일까? 이 책에서 제시되고 있는 제안이 한국에서는 어떻게 변용되어 적용될 수 있을까? 예를 들면, 말을 타고 하는 사냥은 상당히 유럽적인 예에 해당한다. 그렇지만, 음식과 패션의 유통은 이미 세계화되어 있다. 이런 다르고 같은 여러 맥락을 고려해 당장 할 수 있는 일을 조금씩 매일 매일 해내는 데 이 책이 길잡이가 되었으면 하는 바람이다.

책공장더불어의 책

동물학대의 사회학
(학교도서관저널 올해의 책)
동물학대와 인간폭력 사이의 관계를 설명한다. 페미니즘 이론 등 여러 이론적 관점을 소개하면서 앞으로 동물학대 연구가 나아갈 방향을 제시한다.

인간과 동물, 유대와 배신의 탄생
(환경부 선정 우수환경도서, 환경정의 선정 올해의 환경책)
미국 최대의 동물보호단체 휴메인소사이어티 대표가 쓴 21세기 동물해방의 새로운 지침서. 농장동물, 산업화된 반려동물산업, 실험동물, 야생동물 복원에 대한 허위 등 현대의 모든 동물학대에 대해 다루고 있다.

동물을 만나고 좋은 사람이 되었다
(한국출판문화산업진흥원 출판 콘텐츠 창작자금지원 선정)
개, 고양이와 살게 되면서 반려인은 동물의 눈으로, 약자의 눈으로 세상을 보는 법을 배운다. 동물을 통해서 알게 된 세상덕분에 조금 불편해졌지만 더 좋은 사람이 되어 가는 개·고양이에 포섭된 인간의 성장기.

동물을 위해 책을 읽습니다 (한국출판문화산업진흥원 출판 콘텐츠 창작자금지원 선정)
우리는 동물이 인간을 위해 사용되기 위해서만 존재하는 것처럼 살고 있다. 우리는 우리가 사랑하고, 입고, 먹고, 즐기는 동물과 어떤 관계를 맺어야 할까? 100여 편의 책 속에서 길을 찾는다.

동물에 대한 예의가 필요해
일러스트레이터인 저자가 지금 동물들이 어떤 고통을 받고 있는지, 우리는 그들과 어떤 관계를 맺어야 하는지 그림을 통해 이야기한다. 냅킨에 쓱쓱 그린 그림을 통해 동물들의 목소리를 들을 수 있다.

물범 사냥 (노르웨이국제문학협회 번역 지원 선정)
북극해로 떠나는 물범 사냥 어선에 감독관으로 승선한 마리는 낯선 남자들과 6주를 보내야 한다. 남성과 여성, 인간과 동물, 세상이 평등하다고 믿는 사람들에게 펼쳐 보이는 세상.

동물들의 인간 심판
(대한출판문화협회 올해의 청소년 교양도서, 세종도서 교양 부문, 환경정의 청소년 환경책, 아침독서 청소년 추천도서, 학교도서관저널 추천도서)
동물을 학대하고, 학살하는 범죄를 저지른 인간이 동물 법정에 선다. 고양이, 돼지, 소 등은 인간의 범죄를 증언하고 개는 인간을 변호한다. 이 기묘한 재판의 결과는?

동물원 동물은 행복할까?
(환경부 선정 우수환경도서, 학교도서관저널 추천도서)
동물원 북극곰은 야생에서 필요한 공간보다 100만 배, 코끼리는 1,000배 작은 공간에 갇혀 살고 있다. 야생동물보호운동 활동가인 저자가 기록한 동물원에 갇힌 야생동물의 참혹한 삶.

사향고양이의 눈물을 마시다
(한국출판문화산업진흥원 우수출판 콘텐츠 제작지원 선정, 환경부 선정 우수환경도서, 학교도서관저널 추천도서, 국립중앙도서관 사서가 추천하는 휴가철에 읽기 좋은 책, 환경정의 올해의 환경책)
내가 마신 커피 때문에 인도네시아 사향고양이가 고통받는다고? 내 선택이 세계 동물에게 미치는 영향, 동물을 죽이는 것이 아니라 살리는 선택에 대해 알아본다.

유기동물에 관한 슬픈 보고서
(환경부 선정 우수환경도서, 어린이도서연구회에서 뽑은 어린이·청소년 책, 한국 간행물윤리위원회 좋은 책, 어린이문화진흥회 좋은 어린이책)
동물보호소에서 안락사를 기다리는 유기견, 유기묘의 모습을 사진으로 담았다. 인간에게 버려져 죽임을 당하는 그들의 모습을 통해 인간이 애써 외면하는 불편한 진실을 고발한다.

유기견 입양 교과서

보호소에 입소한 유기견은 안락사와 입양이라는 생사의 갈림길 앞에 선다. 이들에게 입양이라는 선물을 주기 위해 활동가, 봉사자, 임보자가 어떻게 교육하고 어떤 노력을 해야 하는지 차근차근 알려준다.

버려진 개들의 언덕

인간에 의해 버려져서 동네 언덕에서 살게 된 개들의 이야기. 새끼를 낳아 키우고, 사람들에게 학대를 당하고, 유기견 추격대에 쫓기면서도 치열하게 살아가는 생명들의 2년간의 관찰기.

개에게 인간은 친구일까?

인간에 의해 버려지고 착취당하고 고통받는 우리가 몰랐던 개 이야기. 다양한 방법으로 개를 구조하고 보살피는 사람들의 이야기가 그려진다.

순종 개, 품종 고양이가 좋아요?

사람들은 예쁘고 귀여운 외모의 품종 개, 고양이를 선호하지만 품종 동물은 700개에 달하는 유전 질환으로 고통 받는다. 많은 품종 개와 고양이가 왜 질병과 고통에 시달리다가 일찍 죽는지, 건강한 반려동물을 입양하려면 어찌해야 하는지 동물복지 수의사가 알려준다.

동물은 전쟁에 어떻게 사용되나?

전쟁은 인간만의 고통일까? 자살폭탄 테러범이 된 개 등 고대부터 현대 최첨단 무기까지, 우리가 몰랐던 동물 착취의 역사.

인간과 개, 고양이의 관계심리학

함께 살면 개, 고양이와 반려인은 닮을까? 동물학대는 인간학대로 이어질까? 248가지 심리실험을 통해 알아보는 인간과 동물이 서로에게 미치는 영향에 관한 심리 해설서.

고통받은 동물들의 평생 안식처 동물보호구역

(환경정의 올해의 어린이 환경책, 한국어린이교육문화연구원 으뜸책)
고통받다가 구조되었지만 오갈 데 없었던 야생동물의 평생 보금자리. 저자와 함께 전 세계 동물보호구역을 다니면서 행복하게 살고 있는 동물을 만난다.

동물 쇼의 웃음 쇼 동물의 눈물

(한국출판문화산업진흥원 청소년 권장도서, 한국출판문화산업진흥원 청소년 북토크 도서)
동물 서커스와 전시, TV와 영화 속 동물 연기자, 투우, 투견, 경마 등 동물을 이용해서 돈을 버는 오락산업 속 고통받는 동물들의 숨겨진 진실을 밝힌다.

고등학생의 국내 동물원 평가 보고서

(환경부 선정 우수환경도서)
인간이 만든 '도시의 야생동물 서식지' 동물원에서는 무슨 일이 일어나고 있나? 국내 9개 주요 동물원이 종보전, 동물복지 등 현대 동물원의 역할을 제대로 하고 있는지 평가했다.

묻다

구제역, 조류독감으로 거의 매년 동물의 살처분이 이뤄진다. 저자는 4,800곳의 매몰지 중 100여 곳을 수년에 걸쳐 찾아다니며 기록한 유일한 사람이다. 그가 우리에게 묻는다. 우리는 동물을 죽일 권한이 있는가.

야생동물병원 24시

(어린이도서연구회에서 뽑은 어린이·청소년 책, 한국출판문화산업진흥원 청소년 북토크 도서)
로드킬 당한 삵, 밀렵꾼의 총에 맞은 독수리, 건강을 되찾아 자연으로 돌아가는 너구리 등 대한민국 야생동물이 사람과 부대끼며 살아가는 슬프고도 아름다운 이야기.

숲에서 태어나 길 위에 서다

매년 길에서 로드킬로 죽는 야생동물 30
만 마리. 인간과 야생동물이 공존할 수 있
는 방법을 찾는 현장 과학자의 야생동물
로드킬에 대한 기록이다.

똥으로 종이를 만드는 코끼리 아저씨

(환경부 선정 우수환경도서, 한국출판문화산업진흥원
청소년 권장도서, 서울시교육청 어린이도서관 여름방학
권장도서, 한국출판문화산업진흥원 청소년 북토큰 도서)
코끼리 똥으로 만든 재생종이 책. 코끼리
똥으로 종이와 책을 만들면서 사람과 코
끼리가 평화롭게 살게 된 이야기를 코끼
리 똥 종이에 그려냈다.

채식하는 사자 리틀타이크

(아침독서 추천도서, 교육방송 EBS〈지식채널e〉 방영)
육식동물인 사자 리틀타이크는 평생 피
냄새와 고기를 거부하고 채식 사자로 살
며 개, 고양이, 양 등과 평화롭게 살았다.
종의 본능을 거부한 채식 사자의 9년간의
아름다운 삶의 기록.

후쿠시마에 남겨진 동물들

(미래창조과학부 선정 우수과학도서, 환경부 선정 우수
환경도서, 환경정의 청소년 환경책)
2011년 3월 11일, 대지진에 이은 원전 폭
발로 사람들이 떠난 일본 후쿠시마. 다큐
멘터리 사진작가가 담은 '죽음의 땅'에 남
겨진 동물들의 슬픈 기록.

후쿠시마의 고양이

(한국어린이교육문화연구원 으뜸책)
2011년 동일본 대지진 이후 5년. 사람이
사라진 후쿠시마에서 살처분 명령이 내
려진 동물을 죽이지 않고 돌보고 있는 사
람과 함께 사는 두 고양이의 모습을 담은
평화롭지만 슬픈 사진집.

고양이 그림일기

(한국출판문화산업진흥원 이달의 읽을 만한 책)
장군이와 흰둥이, 두 고양이와 그림 그리
는 한 인간의 일 년 치 그림일기. 종이 다
른 개체가 서로의 삶의 방법을 존중하며
사는 잔잔하고 소소한 이야기.

고양이 임보일기

《고양이 그림일기》의 이새벽 작가가 새끼
고양이 다섯 마리를 구조해서 입양 보내
기까지의 시끌벅적한 임보 이야기를 그
림으로 그려냈다.

고양이는 언제나 고양이였다

고양이를 사랑하는 나라 터키의, 고양이
를 사랑하는 글 작가와 그림 작가가 고양
이에게 보내는 러브레터. 고양이를 통해
세상을 보는 사람들을 위한 아름다운 고
양이 그림책이다.

우주식당에서 만나

(한국어린이교육문화연구원 으뜸책)
2010년 볼로냐 어린이도서전에서 올해
의 일러스트레이터로 선정되었던 신현아
작가가 반려동물과 함께 사는 이야기를
네 편의 작품으로 묶었다.

대단한 돼지 에스더 (학교도서관저널 추천도서)

인간과 동물 사이의 사랑이 얼마나 많은
것을 변화시킬 수 있는지 알려 주는 놀라
운 이야기. 300킬로그램의 돼지 덕분에
파티를 좋아하던 두 남자가 채식을 하고,
동물보호 활동가가 되는 놀랍고도 행복
한 이야기.

동물과 이야기하는 여자

SBS 〈TV 동물농장〉에 출연해 화제가 되
었던 애니멀 커뮤니케이터 리디아 히비
가 20년간 동물들과 나눈 감동의 이야
기. 병으로 고통받는 개, 안락사를 원하
는 고양이 등과 대화를 통해 문제를 해
결한다.

개.똥.승. (세종도서 문학 부문)
어린이집의 교사이면서 백구 세 마리와 사는 스님이 지구에서 다른 생명체와 더불어 좋은 삶을 사는 방법, 모든 생명이 똑같이 소중하다는 진리를 유쾌하게 들려준다.

노견 만세
퓰리처상을 수상한 글 작가와 사진 작가의 사진 에세이. 저마다 생애 최고의 마지막 나날을 보내는 노견들에게 보내는 찬사.

강아지 천국
반려견과 이별한 이들을 위한 그림책. 들판을 뛰놀다가 맛있는 것을 먹고 잠들 수 있는 곳에서 행복하게 지내다가 천국의 문 앞에서 사람 가족이 오기를 기다리는 무지개다리 너머 반려견의 이야기.

펫로스 반려동물의 죽음
(아마존닷컴 올해의 책)
동물 호스피스 활동가 리타 레이놀즈가 들려주는 반려동물의 죽음과 무지개다리 너머의 이야기. 펫로스(pet loss)란 반려동물을 잃은 반려인의 깊은 슬픔을 말한다.

암 전문 수의사는 어떻게 암을 이겼나
암에 걸린 암 수술 전문 수의사가 동물 환자들을 통해 배운 질병과 삶의 기쁨에 관한 이야기가 유쾌하고 따뜻하게 펼쳐진다.

개, 고양이 사료의 진실
미국에서 스테디셀러를 기록하고 있는 책으로 반려동물 사료에 대한 알려지지 않은 진실을 폭로한다. 2007년도 멜라민 사료 파동 취재까지 포함된 최신판이다.

개가 행복해지는 긍정교육
개의 심리와 행동학을 바탕으로 한 긍정 교육법으로 50만 부 이상 판매된 반려인의 필독서. 짖기, 물기, 대소변 가리기, 분리불안 등의 문제를 평화롭게 해결한다.

고양이 질병에 관한 모든 것
40년간 3번의 개정판을 낸 고양이 질병 책의 바이블. 고양이가 건강할 때, 이상 증상을 보일 때, 아플 때 등 모든 순간에 곁에 두고 봐야 할 책이다. 질병의 예방과 관리, 증상과 징후, 치료법에 대한 모든 해답을 완벽하게 찾을 수 있다.

개 피부병의 모든 것
홀리스틱 수의사인 저자는 상업사료의 열악한 영양과 과도한 약물사용을 피부병 증가의 원인으로 꼽는다. 제대로 된 피부병 예방법과 치료법을 제시한다.

우리 아이가 아파요!
개·고양이 필수 건강 백과
새로운 예방접종 스케줄부터 우리나라 사정에 맞는 나이대별 흔한 질병의 증상·예방·치료·관리법, 나이 든 개, 고양이 돌보기까지 반려동물을 건강하게 키울 수 있는 필수 건강백서.

개·고양이 자연주의 육아백과
세계적인 홀리스틱 수의사 피케른의 개와 고양이를 위한 자연주의 육아백과. 40만 부 이상 팔린 베스트셀러로 반려인, 수의사의 필독서. 최상의 식단, 올바른 생활습관, 암, 신장염, 피부병 등 각종 병에 대한 대처법도 자세히 수록되어 있다.

임신하면 왜 개, 고양이를 버릴까?
임신, 출산으로 반려동물을 버리는 나라는 한국이 유일하다. 세대 간 문화충돌, 무책임한 언론 등 임신, 육아로 반려동물을 버리는 사회현상에 대한 분석과 안전하게 임신, 육아 기간을 보내는 생활법을 소개한다.

사람을 돕는 개
(한국어린이교육문화연구원 으뜸책, 학교도서관저널 추천도서)
안내견, 청각장애인 도우미견 등 장애인을 돕는 도우미견과 인명구조견, 흰개미 탐지견, 검역견 등 사람과 함께 맡은 역할을 해내는 특수견을 만나본다.

용산 개 방실이
(어린이도서연구회에서 뽑은 어린이·청소년 책, 평화박물관 평화책)
용산에도 반려견을 키우며 일상을 살아가던 이웃이 살고 있었다. 용산 참사로 갑자기 아빠가 떠난 뒤 24일간 음식을 거부하고 스스로 아빠를 따라간 반려견 방실이 이야기.

치료견 치로리
(어린이문화진흥회 좋은 어린이책)
비 오는 날 쓰레기장에 버려진 잡종개 치로리. 죽음 직전 구조된 치로리는 치료견이 되어 전신마비 환자를 일으키고, 은둔형 외톨이 소년을 치료하는 등 기적을 일으킨다.

고양이 천국
(어린이도서연구회에서 뽑은 어린이·청소년 책)
고양이와 이별한 이들을 위한 그림책. 실컷 놀고, 먹고, 자고 싶은 곳에서 잘 수 있는 곳. 그러다가 함께 살던 가족이 그리울 때면 잠시 다녀가는 고양이 천국의 모습을 그려냈다.

나비가 없는 세상
(어린이도서연구회에서 뽑은 어린이·청소년 책)
고양이 만화가 김은희 작가가 그려내는 한국 최고의 고양이 만화. 신디, 페르캉, 추새. 개성 강한 세 마리 고양이와 만화가의 달콤쌉싸래한 동거 이야기.

깃털, 떠난 고양이에게 쓰는 편지
프랑스 작가 클로드 앙스가리가 먼저 떠난 고양이에게 보내는 편지. 한 마리 고양이의 삶과 죽음, 상실과 부재의 고통, 동물의 영혼에 대해서 써 내려간다.

햄스터
햄스터를 사랑한 수의사가 쓴 햄스터 행복·건강 교과서. 습성, 건강관리, 건강식단 등 햄스터 돌보기 완벽 가이드.

토끼
토끼를 건강하고 행복하게 오래 키울 수 있도록 돕는 육아 지침서. 습성·식단·행동·감정·놀이·질병 등 모든 것을 담았다.

동물권리선언 시리즈 12

동물주의 선언

초판 1쇄 2019년 8월 23일
초판 2쇄 2021년 9월 21일

글쓴이 코린 펠뤼숑
옮긴이 배지선

펴낸이 김보경
펴낸곳 책공장더불어

편 집 남궁경, 김보경
교 정 김수미

디자인 나디하 스튜디오(khj9490@naver.com)
인 쇄 정원문화인쇄

책공장더불어

주 소 서울시 종로구 혜화동 5-23
대표전화 (02)766-8406
이메일 animalbook@naver.com
홈페이지 http://blog.naver.com/animalbook
페이스북 @animalbook4 **인스타그램** @animalbook.modoo
출판등록 2004년 8월 26일 제300-2004-143호

ISBN 978-89-97137-37-4 (03190)

* 잘못된 책은 바꾸어 드립니다.
* 값은 뒤표지에 있습니다.